人文・社会科学振興プロジェクト

〈境界〉の今を生きる

身体から世界空間へ・若手一五人の視点

荒川歩
川喜田敦子
谷川竜一
内藤順子
柴田晃芳──編

東信堂

はじめに

わたしたちは、さまざまな境界の中で生きている。国境、家族、国籍、会社、学校、出身地、性別……。わたしたちは意識的、無意識的にあらゆるものを分類している。自分の家／他人の家。友人／他人。人の手のように触れられるもの、触れられないもの、海と陸の境のように目に見えるもの、言語、文化のように見えないもの、そしてどこにもないかもしれないものさえも。こうした区分けの行為は、わたしたちが、わたしたち自身とその生きる世界を支えるために行う最も基礎的なことの一つだ。

そうして作りだされた境界は秩序を作りあげる。ここは公道だからきちんと振る舞おう／家だからリラックスしよう。世界が秩序だてられることによって、自分の位置が決まり、人との関係が生まれ、わたしたちが生きることが可能になる。わたしたちが作りだし、維持する境界は、ときにわたしたち自身をも縛りつけるものとなる。わたしたちは、境界に不自由さを覚えつつも、ひとたび境界が脆弱化すると、そこで惑う。このアンビバレントながらも強烈に存在する「境界」とは、さまざまな学問領域からの知的探求が進められるときのキーワードとして浮上する。

本書の執筆者たち、人文・社会科学のさまざまな学問領域の研究を志す一五人が向き合うのは、そうした境界という限界を乗り越える可能性だ。本書は、この問題に、政治学、国際協力学、歴史学、建築史学、文化人類学、宗教学、心理学など、多様な学問的バック・グラウンドを持つ一五人が見つめ、語ろうとする。

本書では、境界の問題を四つのパートに分けて論じる。

「第Ⅰ部　境界と生きる」では、境界の中で生きる人を描く。境界には、恣意的な切り分けによって生まれるものもあれば、ア・プリオリに自明と思われるものもある。しかし、男性と女性、病と健康のように自然が定めたように見える境界が、実際には社会的に構成され、強化されていることも多い。また、「わたし」が行う「わたし」に関する境界づけと、他者が行う「わたし」の境界づけは、同じときもあれば、矛盾するときもある。

「第Ⅱ部　境界で生きる」では、境界間の移動可能性を描く。境界づけは、多くの人びとがときに別々に、ときに共同で行っている。一度できた境界は、境界内部における規範を定め、境界の外部に対するまなざしを固定化し、境界の内外の交流や移動を相互に困難にする。

「第Ⅲ部　境界が揺らぐ」では、境界のダイナミズムについて描く。境界がどこか窮屈さをまとうのは、それが内部を秩序づけ、守るための固定的な枠組みだからである。今日、いたるところで既存の境界が崩れ、流動化し、一部に新しい境界が立ち現れてきている。この変化は、確かに、固定化した枠組みの崩壊ではあるが、それだけではより柔軟な世界の実現を意味しない。境界を境界たらしめる、中心と周縁を決定づける力のダイナミズムがあるかぎり、境界は常に「中間者」や「周縁者」を生み出し、人びとは常に、定められた固定的な境界に納まりきれずにこぼれ落ちていく。

「第Ⅳ部　境界をひらく」では、境界からの解放可能性について描く。境界で区切られた世界から離れることが、しかも受動的にこぼれ「落ちる」だけでなく能動的に「降りる」ことができるならば、より柔軟な世界への見通しが拓けてくるのではないだろうか。そこでは、個人が境界によって翻弄されながらも、決してその力学の客体としてのみあるのではなく、それに抗い、しなやかに生きる力を持つ一つの希望的存在として立ち現れることになるだろう。境界は内部秩序からの開放の場ともなりうるのだ。

本書では、さまざまな分野の研究を志す者たちが、それぞれの分野の方法で、境界の諸相を描きだしていく。そこには、線ではなく領域としてとらえられるべき境界の中で、境界領域に生きる人の悩みや葛藤を分かち合う視点、わたしたちの世界を形づくる境界が人間によって作りだされた、ときに恣意的なものであることを知りながら、越境する人びとが境界のあちら側とこちら側の集団といかなる関係を取り結ぶのかを追う視点、人間が社会的に作りだした境界が、時代の変化とともに揺らぎ、崩れ、再構築される様を見つめる視点など、さまざまな視点が交錯する。そして、境界を見つめ、境界にたたずむこうした経験から、執筆者たちは、おのずと「境界からの視点」を見出し、本書全体として、それは「境界という方法」として結実していることになるだろう。

編者一同

目次／〈境界〉の今を生きる――身体から世界空間へ・若手一五人の視点

〈境界〉の今を生きる——身体から世界空間へ・若手一五人の視点

第Ⅰ部　境界と生きる

第1章　性別/身体を越境するという物語を聴く

荘島　幸子

はじめに

日頃、自分の性別を意識する程度に差こそはあれ、自分が男女のどちらの性別に属しているのか疑いを持ちながら生活を送っている人は少ないだろう。第二次性徴が始まる思春期の一時期に性別に揺らぎを持つ場合もあるが、多くの場合は一過性に終わる。しかし、世の中には、人生のある時期から身体や性別に違和を感じ、身体的にも社会的にも性別を「越境」する人々がいる。ある人は男性から女性へ、またある人は女性から男性へ、そしてある人は性別すら曖昧な世界、すなわち無性や中性へと「越境」する。

日本で認められている身体的な「越境」には、ホルモン療法や性別再割り当て手術（sex reassigned

surgery, 以下ＳＲＳ）などの外科的処置によって、出生時に社会から割り当てられた性別を望む性へと再割り当てする行為がある。社会的な「越境」としては、戸籍の性別変更などが挙げられる（二〇〇八年現在、戸籍変更には、ＳＲＳを済ませていること、現に未成年の子がいないなどいくつかの条件を満たす必要がある）。日本には、無性や中性という性別は戸籍上存在しないが、周囲の者に自らのセクシュアリティを認知してもらうことで社会的「越境」を果たす場合もある。性別／身体の「越境」者（以下、性別／身体越境者）は、往々にして「自分は何者なのか」、そして「他人は自分をどう見るのか」という輻輳するまなざしのなかで、越境という名の長い旅路を歩んでいく。まず、性別／身体を越境する人々や現象が歴史のなかでいかなる存在としてまなざされてきたのか、見ていこう。

1　性別／身体越境者はいかなる存在として扱われてきたのか？

精神病理現象としての性別／身体越境

一二世紀に成立した「とりかへばや物語」など、性別／身体越境者を想起させる書物は古くから見受けられるが（松尾、一九九七）、医学的文献に性別／身体越境者の存在が記述され始めたのは一九世紀半ば頃である。ドイツの性科学者フリードリヒ・ベストファールによって、性別を移行する現象が初めて示されてからというもの、一九世紀の終わりから二〇世紀の始まりにかけて、医学的疾患としての概念化が急激に進んでいった。そのなかには、リヒャルト・フォン・クラフト＝エビング（二〇〇二）のように、同性愛や異性装（身体的性別と逆の性別の服装をすること）を「変態性慾」、すなわち精神病理的現象として捉え、社会に悪影響を与えるものと論じたものもあった。当時、性転換症といわれていた症状の治療は「心の性別」を「体の性別」に一致させるものであった。当時は、精神科医が中心となり、精神分析療法や電気ショック嫌悪療法などが行われていたようだ。現在、性同一性障害者に対する治療の方針は一八〇度変更され、「体の性別」を「心の性別」に近づけるために、SRSが行われるようになった。

治療される存在としての性別／身体越境者　治療法変更の立役者となったのが内分泌科医のハリー・ベンジャミンであった。彼は、身体的性別とは異なる性別で生活することに対して倫理的に非難するのではなく、それを医学的に認め、心の性別を尊重した治療を施すべきだという論理を展開していった。彼の主張は、出生時に割り当てられた性別だけに囚われていた従来の生物学的観点からの性別の概念に疑問を投げかけ、身体の性別と一致しない意識や行動を有する人々を科学的方法で理解しようとする時代の幕開けとなった。しかし、それは同時に、性別／身体越境者が治療されるべき存在であることを決定づけ、次の功罪を示すこととなった。功とは、それまで「語ることさえはばかられる非道徳的存在」であった性別／身体越境者を解放し、医学的疾患を持った存在とみなし、治療が受けられる存在としたことであった。一方の罪とは、「精神疾患」「異常」であるがゆえに治療すべき存在として、新たなレッテルを貼られたことであった。

日本における経緯　日本でＳＲＳが正当な医療行為として認められるようになったのは、埼玉医科大学倫理委員会が一九九六年七月に条件付きで、「性同一性障害とよばれる疾患が存在し、性別違和に悩む人がいる限り、その悩みを軽減するために医学が手助けすることは正当であり、外科的性転換も治療の一手段」との答申を出したことによる(山内、一九九九)。性同一性障害は、医学的疾患名であり、生物学的性別と性の自己認識とが一致しないために、自らの生物学的性別に持続的な違和を感じ、反対の性を求め、時には生物学的性別を己れの性の自己認識に近づけるために性の転換を望むことさえある状態と定義される。他方、医学用語に対抗する形で当事者が作り出した概念に、トランスジェンダーという用語がある。トランスジェンダーは、もっぱら社会的、文化的側面から性別／身体越境者を捉えた非医学的用語であり、①性別／身体越境を疾患として捉えない、②既存の男女二元制度にのっとらない、という二点において、「性同一性障害者」とは明確かつ決定的な思想の違いがある。

2　「身体」と「心」を切り離さず、「身体」の語りに耳を傾ける

前項では、性別／身体越境者が、「性同一性障害者」としてまなざされるようになっていく歴史とその背景を確認した。性別／身体越境者たちは、医療化の流れに抵抗しつつも、それを享受することで治療が受けられ、望む性に近づけるというアンビバレントな心理的様相を見せていた。おそらく、

彼らを性同一性障害者として扱うことは、彼らの「心」と「身体」をいったん切り離して扱うということであり、そうすることで、身体に処置（乳房切除やペニス形成など）を施すことが可能になるのだと思われる。文字通り、新しい「身体」を「心」に統合させるのである。たしかに合理的な考え方である。しかし、現実には、そううまく事が運ばないこともある。たとえば、ホルモン療法やSRSを行った後に、ボディイメージが崩壊し、自殺を図る当事者は少なくないとされる。普通に考えれば、医療によって獲得した望む性や身体に近づき、幸せになっているはずの患者である。新しい「身体」が「心」とそぐわなかったということであろうか。また、身体的治療を望む性同一性障害患者のなかには、治療をドロップアウトしていく者もいる。このような場合には、どこかの地点で「身体」を変えずとも「心」に折り合いが生じたと解釈することも可能であろう。これらのケースは、たとえ本人が望んでいたとしても「心」と「身体」を切り離してもう一度つなぎ合わせることは必ずしも想像以上に容易ではないこと、逆に「身体」を変えずともどこかの地点で「心」に折り合いをつけることも可能であることを示している。では、彼らは何を求めているのだろうか。彼らの性別／身体越境を理解するには外部者としての目線では不可能なのではないだろうか。

本章では、「われわれ」ではなく「わたし」、「彼ら」ではなく「あなた」という二人称の関係（荘島、二〇〇七）を研究者―研究協力者の関係性の出発地点として、性別／身体越境者の違和感の原点である身体の感覚の在り様から彼らの越境の経験に迫る。それは、客観的な立場に立って彼らを観察し、外部から性同一性障害と診断することで彼らと観察者の間、ひいては彼らと世界を分け隔てることとは異なり、否応なく「あなた」の身体が「わたし」の身体に重ねられ、「あなた」によって語られる声に「わたし」が揺さぶられることから免れえない。しかし、そのつながりのなかで、「わたし」の身体は越境こそしないものの、限りなく「あなた」の越境という場に近づいてみることはできるかもしれない。互いに揺さぶり、揺さぶられるという重層的世界において対話をつないでいくことで、越境する身体の息吹を聴き取ることができるであろう。「わたし」と「あなた」のつながりのなかで生成される物語によって、初めてわれわれはともに現実世界を生きていく道を見つけるといえる(医学的行為に、いちいち「あなた」「わたし」というコンテクストを持ち運ぶことは不可能であろう。それは、医学が「あなた」と「わたし」という関係性ではなく、医師と患者という明確な境界線をつくることで成り立つものだからであり、それ自体を簡単に非難すべきではない)。それでは、「わたし」と「あなた」との対話において生成された越境の語り、越境する身体の語りに耳を傾けてみよう。

3　三人の性別／身体越境者の語り――A、B、Cの三つの物語

ここでは、Aさん、Bさん、Cさんの三人の「あなた」(性別／身体越境者)が登場する(以下、敬称を略す)。いずれの方とも、「わたし」が直接出会い、一対一でインタビューの形式での対話を行った。この対話で

は、「あなた」の生い立ち、性別／身体違和の経験や人生の意味づけを中心に尋ねた。彼らのプライバシー保護のため、内容は一部変更を施している。『　』は、われわれの語りであり、(　)は、補足説明である。

女性であることを徐々に受け入れていったA（出生時に割り当てられた性別：女、性同一性障害の診断：無、身体の状況：治療歴なし）　インタビュー当時、Aは二〇歳の女性で、大学生であった。風貌や服装には中性的な要素が感じられた。Aは、『小さい頃は自分、女の子だって自覚してて』、女性体であることや女性らしい振る舞いをすることになんらの違和感を覚えず、女子集団に『自然に染まっていた』。しかし中学生のときに、Aが演劇で口紅を塗る必要に迫られたとき、突発的に嫌な気分に襲われ、口紅を塗ることができなかったという。Aはそれ以降『俺は女子じゃない！』と言い放ち、女性であることに嫌悪感を持つようになると同時に、他人と比較して自分は『見劣りする』と感じるようになっていった。女性に対する恋愛感情が芽生え、バレンタインでも女子からチョコを『割ともらってた』という。Aは『中学生のときは、少年的に、中性になりたかった』と自らを振り返っている。Aが高校生になっても、性別／身体違和感は持続していたが、自分が性同一性障害かどうかには自信が持てず、自分のアイデンティティがどこにも納まらなかったという。学校や、家族ともそりが合わず、カミングアウトも『失敗』して、徐々にAは孤立していった。その一方で、Aは違和感や嫌悪感に対して、本を読んだり、カウンセリングを受けたりと、自己分析（『ジェンダー的調査活動』）を繰り返していた。また、仲間を求めて、インターネットで知り合った人たちと交流を持つようになったが、それも一時的なもので、真の安らぎは得られなかったという。「わたし」から見ると、Aは自己に抱えた曖昧さを、性同一性障害かどうか、同じ仲間が得られるかどうかという外部基準を頼りに判断しているように見えた。そして、そのどれともAは親和性を持てずにいるようだった。Aが自分にないペニスを欲する感覚について、他者からの刷り込みの可能性を挙げている場面を例示する。

筆者	（ペニスが）ないってことに対する意識ってあった？
A	ペニスがですか？
筆者	うん
A	うんと、そこは多分ちょっと難しくて、多分その意識は、自分の中ではなくて、そのないとかあるとか、そんなのはどうでもいいっていう感じだったんですけど。いろいろ調べていって、自分の中にいろいろ刷り込みがかかるわけじゃないですか。（中略）今になって思うのは、それはちょっとみんなこだわりすぎなんじゃないの？っていうのがあるので。
筆者	ちょっと刷り込みはいってんじゃないの？って。
A	うん、そうそう、割と周りがこの服流行ってるからっていうのに似てて、一回私なんか、あの、模造ペニスみたいなのをつくったりとか、
筆者	（笑）
A	いろいろして、なんじゃこりゃって思って（笑）
筆者	で、（服のなかに）入れてみたりしたわけ？
A	そうそう。
筆者	へぇ！

この場面は、Aの身体感覚や行動に笑ったり、驚いたりしながら、Aの感覚に「わたし」が身を重ねようとしている場面である。対話では、Aの越境地点を探りながら、お互いの物語もまたすり合わせていく。すり合わせの軸となるものが、双方の身体なのである。

大学生になったAは、嫌悪していた女性である自分に一度は目を向けようと、自己分析の一環として、思い切って男性との性交渉に踏み切った。Aは、自分がなりたいと願っていた男性と自分との間で『圧倒的な違いを目の当たりにした』。『違い』について説明を求めると、Aは言葉に困窮していたが、その経験のあと、Aは女性体である自分の身体を受け容れられるようになったという。

男・女・無性の三つの状態を移行するB（出生時に割り当てられた性別：女、性同一性障害の診断：有、身体の状況：ホルモン療法、乳房除去済）　インタビュー当時、Bは四四歳であり、派遣社員として働いていた。当時Bは、ホルモン治療のみを行い、外見上は男性として生活を送っている（というのは、Bには女性器が残っているからである）。Bは、自分自身について、性の自認が『場面によって変わるタイプ』であるという。たとえば、職場といった公的な状況では、『男性のアイデンティティに近くなるように調節する』し、恋愛のパートナーと一緒にいるときなど私的な状況では『相手が男性であると、こっち側が女性役割を引き受ける。（中略）そうなってしまうと、性自認は女性に近くなってしまう』という。さらに、Bは『（性自認が）流動的なので、まっさらな自分だと性別が無い状態に近いと思うんです。（中略）その社会の場面場面によって、必要とされるジェンダーとか性役割とかを引き受けて、性別が変わっていく。そんな状態じゃないかな?』と語った。あまりにさらっと語るBに、「わたし」はうまく反応できなかった。まるでチューナーがうまく働かないような感覚であった。Bは、『女性のなかのカテゴリに入れられると苦痛。（中略）あくまでも、スカートを履いて、化粧をしているときは、女装している男性のほうのカテゴリに入っていると、自分のなかではフィット感がある』『男とか女とかカテゴリ自体が、子どもの頃からとても嫌だったっていうのはあります。だから、カタツムリとかにすごくアイデンティファイしてしまう』といい、周りの女子たちの中で『浮く』『なじめない』と感じていたという。その感覚とは『種族が違う、みたいな。日本人の中に外国人が一人混じったような、それなりの付き合いはできるんだけども、やっぱりどこか違うな』というものであり、現在も持ち続けているという。「わたし」と話をする「あなた」もやはり、そう感じているのだろうかと、話をしながら頭をよぎった覚えがある。

Bは、婦人科疾患により男性ホルモンを投与したという経緯があり、そもそも身体に対する違和感はなかったという。男性ホルモンを注入することに対して、「わたし」は『（婦人科疾患による）痛みがあろうとも、男性ホルモンを自分の身体の中にあえて入れるっていうは、かなり恐怖だと思う。（中略）たとえば、お医者さんからひげが生えてくるかもしれないとかいわれたら、多分、拒絶する可能性があるなと思うんですよ』と、Bに「わたし」の気持ちを話すと、Bは『私の場合、ホルモンを入れてみて、（その後に、身体に）不一致感があったんじゃないかなって（事後的に）気付くタイプもいるかも』と説明した。『もしこの社会が男役割とか女役割というものをほとんど強要しない世の中だとしたら、Bさんはどんな風に生きていらっしゃるんですかね？』という「わたし」からの質問に対して、Bは『今より、もっと多くの人が男と女の境界線をさまよってる社会じゃないかなと思うんですけど、だから、その中では自分も居心地よく暮らしているかもしれない』と答えた。「わたし」は、『ふーん、なるほどね』と相槌を打ち、頭の中でそのような世界を想像していた。

女性として『再生』したものの生き難さを持つC（出生時に割り当てられた性別：男、性同一性障害の診断：有、身体の状況：SRS済）　インタビュー当時、Cは四二歳であった。現在、性同一性障害者の自助グループの代表をしながら、芸術に携わる活動を続けている。幼少期には、Cは性別／身体に強い違和感を持たなかったが『自分が（男女）どっちの側にいる人かっていったら、母と同じ側にいる人だ』と自分を位置づけていた。Cは、中学から高校にかけて、男性にならないといけないという思いと、少年の頃の身体に戻りたいという相反する気持ちを抱えていた。『小学校の頃にはね、明日の朝、目が覚めたら元（女）に戻ってるとかそういうことはあったけど、やっぱりそのうち元に戻ってるとかそんなこと起きないってわかってくる』と、Cは『だからもう、いいやとか思って。男になるんだーって。で、その辺から微妙に男になるキャラでいく』ようになるが、『ま、なるんだっていってるんだけど、紙一重のところでなりきらないというか』といって苦笑した。

しかし最終的に、Cは結婚し、父親となった（『自分が産みたかったところはあったけど』と笑いながら）。

ところがある日、男としての自分が『自殺』したという。『結婚もできた、子どももできた、これでもう完全に男になれるんだっていう風に、思ってたんだけど、それだといろんなことがあって、またこう綻《ほころ》びてきて、なんだろ……』と、Ｃは言葉に詰まった。Ｃは、その頃の自分の状態について『下に隠れていた、女性の自分がスペアで隠れていてここにいる』と語っている。気付くと、インターネットで「性転換」という言葉をキーワード検索していたとＣはいう。『私、もうそういう風にしないと生きていけないっていう風に思っちゃった』。Ｃは、まず女装を始めた。妻と子どもとは別れ、一人になったＣはＳＲＳを受け、身体的に女性として生きるようになった。しかし、その後Ｃは定職に就けず、経済的にも精神的にも不安定な生活を送っているという。また、女性となった今でも、身体が『ぶれる』という。

「わたし」は、Ｃの壮絶な人生の語りに圧倒されていた。インタビューは、六時間に及んだ。「わたし」は、『聞きすぎてしまったかもしれない。深めすぎてしまったかもしれない』と途中何度も思いながら、とうとうと語り続けるＣの話を最後まで中断することができなかった（録音機器が途切れたことで、インタビューは終局した）。Ｃは、人生を通して現実世界とつながろうと必死であった。「わたし」はＣからのことばを受け取るのに必死で、何とか二人の間で物語が共有されていくことを願っていた。漠然とした不全感を残しながらＣと別れたが、後日、Ｃの芸術活動を鑑賞したときには、生き生きとしたＣを見ることができた。「わたし」にほっと安堵が訪れた瞬間であった。

さいごに

揺らぎながらも最終的には女性体であることを受容したA、関係性のなかで性自認を調整するB、男の自分が『自殺』し、スペアが出現したと語るC。三人は、いずれもことばにしがたい違和感を継続的に抱え、まるで自分が自分でないような感覚を引き起こしていた。身体と自己の一致をめぐる、永遠のスパイラルに巻き込まれているように感じられる場面もあり、語りを聴いている「わたし」にも衝撃が走る瞬間があった。他者と共有することの困難な身体感覚の罠にかけられているようにも見えた。ただ、彼ら（「あなた」）の身体が、長期にわたって何かによって板ばさみを受け、ぶれ、揺らいでいることは痛いほどに伝わってきた。そして同時に、得体の知れない何かから脱出するかのように、また、見えない何かを求めるかのようにして、彼ら（「あなた」）が人生を辿ってきたということに、「わたし」は幾ばくかの共感すら覚えることができた。見えない何か、それは他者との、そして世界とのつながりではないだろうか。

性別／身体越境者の身体は、総じて、他者との間で比較され、切り離され、否定され、揺らぎ続ける受動的な身体であるといえる。彼らは、自分自身について語るべきことばすら喪失している存在である。不条理な理由によって、いわば世界とつながるための物語を持ちえなかった人々なのである。

彼らにとっての越境とは、まず、自分自身の物語を探し求めるプロセスから始まる。しかしその道は険しく、物語は簡単に見つからないように見える。外部の客観的基準から判断し、疾患名をもらうだけでは説明がつかない。客観的な診断は、物語を語る一つのリソースになっても、身体と自己（心）をつなぐ物語そのものにはなりえない。彼ら（「あなた」）は「性同一性障害者」と診断されるために生きるのではなく、越境を通して、自己と身体、そして他者とつながっていく物語を生成するのであろう。

『とにかく、その、そういうことのなかでね、ちょっと不幸だったなって思うのはね、誰にもそれ、いえなかったんですよ。自分一人で抱えるしかなくて、だから、その、こう、人との関わりの中で、コミュニケーションの中で、ある意味育てられるとか鍛えられるとかそういうことってあるじゃないですか』。C（「あなた」）のこの語りは、「わたし」に深く残っている。性別／身体越境者の語りは、語られ、聴きとられるという相互行為の中で、世界の中で現実味を帯びた物語として血肉化される。このとき「わたし」である聞き手には、容易に理解できないものをすぐに手離さずに反芻し、語り手である「あなた」と対峙し続けるタフさが求められる。それらと戯れ、対話することが、自分とは何者か、いかに生きるのかという互いに共通した根源的問いに立ち返る契機となるのである。読者のみなさん（「あなた」）もまた、すでにこの深い問いの端緒に立ち、物語の紡ぎ手の一人となっているはずである。

参考文献

クラフト＝エビング、R．（二〇〇二）『クラフト＝エビング　変態性慾ノ心理』（柳下毅一郎訳）、原書房。

松尾寿子（一九九七）『トランスジェンダリズム――性別の彼岸』世織書房。

荘島幸子（二〇〇七）「《私》の《当事者》試論――性同一性障害／トランスジェンダーの《当事者》と出会って」宮内洋・今尾真弓編『あなたは当事者ではない――〈当事者〉をめぐる質的心理学研究』北大路書房。

山内俊雄（一九九九）『性転換手術は許されるのか――性同一性障害と性のあり方』明石書店。

第2章　慢性疾患という「境界」を生きること
――ある当事者の語りを通して

今尾　真弓

はじめに

マージナルな領域としての慢性疾患

「境界」をめぐる問題への焦点の当て方には、大きく二つの種類がある。一つは、二つの世界の区切りや分かれ目といった、明確な線引きという意味での「境界線」をめぐる問題であり、もう一つは、区切りや分かれ目に対して、どちらの世界に属するかを決めかねる「境界線上」の領域をめぐる問題である。「境界」の英語訳"borderline"は、名詞では「国境線」「境界線」であるが、形容詞では「境界線上の」「決めにくい」といった意味になり、それぞれ先述した二つの種類に該当すると言える。

本章で取り上げる慢性疾患は、後者の意味での「境界」の特性を持つ。慢性疾患は、基本的に治癒が不可能、あるいは極めて困難な病気を指す。病気は長く緩慢な経過を辿り、悪化と寛解（病気そのものは完全に治癒していないが、症状が一時的あるいは永続的に軽減または消失すること）を繰り返す。寛解期においては、病気でない人々と同様に過ごすことも不可能ではない。治癒は不可能だが治療は可能である、あるいは治療はできるが治癒はしない、とも表現されるように、慢性疾患はどちらつかずのマージナルな特性を有する。

実際に、これまで慢性疾患は、医療社会学や医療人類学において、境界、周縁あるいは周辺といったテーマとともに取り上げられてきている。例えばフランク（二〇〇二）は、慢性疾患を含む慢性的な状態にある人々を、実質的にはほぼよくなっているけれども、決して完治したとはみなされない「寛解者の社会」の人々であると総称し、「健康」でも「病気」でもなく、そのはざまに生きる存在として位置づけている。

「健康」と「病気」という境界

「健康」と「病気」という二つの世界は実体として明確に存在しているわけではない。しかしそれは我々が素朴に持っている自明の考え方、あるいは日常的な思考形式とも言えるものである。というのも、私たちは「病気」について考える時、その対極に「健康」という状態を想定するからである。

高度医療と長寿化により、かつては死に至っていた病気に罹っても、現在では生き延び、場合によっては健康な人々と変わらぬ日常生活を送ることもできるようになった。その結果、近年の一般的傾向として、病気の中で慢性疾患の占める割合は年々増加しており、現代は「慢性疾患の時代」へ移行したとも言われる。そしてこの傾向は今後も続いていくと予想されている。

このような慢性疾患の増加は、他方で「病気」と「健康」の境界の曖昧化をもたらした（中村、一九九二）。加えて「社会の健康化」とも言われる現代社会の中で、「健康」あるいは「病気」とは一体何かということも不明瞭になってきている（上杉、二〇〇〇）。

このように「健康」と「病気」という境界は、一見自明でありながら、曖昧化している境界である。どちらつかずのマージナルな慢性疾患を生きる人々にとって、この境界は果たしてどのような意味を持つものとして経験されているのだろうか。本章ではこの社会的動向を踏まえた上で、筆者がこれまで研究を行ってきた、慢性の腎臓疾患における「病いの経験」（クラインマン、一九九六）を通して、この境界をめぐる考察を行う。

1　慢性腎臓疾患における「病いの経験」

慢性腎臓疾患の推移と治療法　腎臓には体内の老廃物の排出や血圧の調整などの機能がある。腎臓機能が低下すると、体内に有害物質が蓄積され、浮腫や尿毒症などの症状が現れる。

図1に慢性腎臓疾患の推移と治療法をまとめた。慢性腎臓疾患の根本的な原因は不明であり、一旦、

腎臓機能が低下すると、その機能を回復させることは困難である。また顕著な自覚症状が現れるのは、病気がかなり進行してからである。病気が早期段階で発見された場合には、保存療法（安静、食事療法、保温、感染症の予防など）や薬物療法によって、病気の進行を遅延させたり、腎臓機能を維持したりすることが可能である。しかし病気の発見が遅れたり、病気が放置されたりすると、腎臓機能の低下は徐々に進行し、末期状態になると腎不全（腎臓の機能が高度に障害された状態）に至る。

腎不全の段階では保存療法に加え、人工透析や腎臓移植といった治療が必要となる。人工透析療法は、失われた腎臓機能を代行し、血液を浄化する治療法である。一週間に三〜四日、一回に数時間を要するなど、日常生活への制約は大きく、また一旦人工透析療法を導入するとほとんど離脱できない。したがって治療においては、人工透析療法が必要となる腎不全への移行をできるだけ遅延させるようなアプローチがとられる。

病気の認識・自覚の曖昧さ　筆者が対象としてきたのは、人工透析導入前の段階にある人々である。この段階の人々においては、痛みなどのはっ

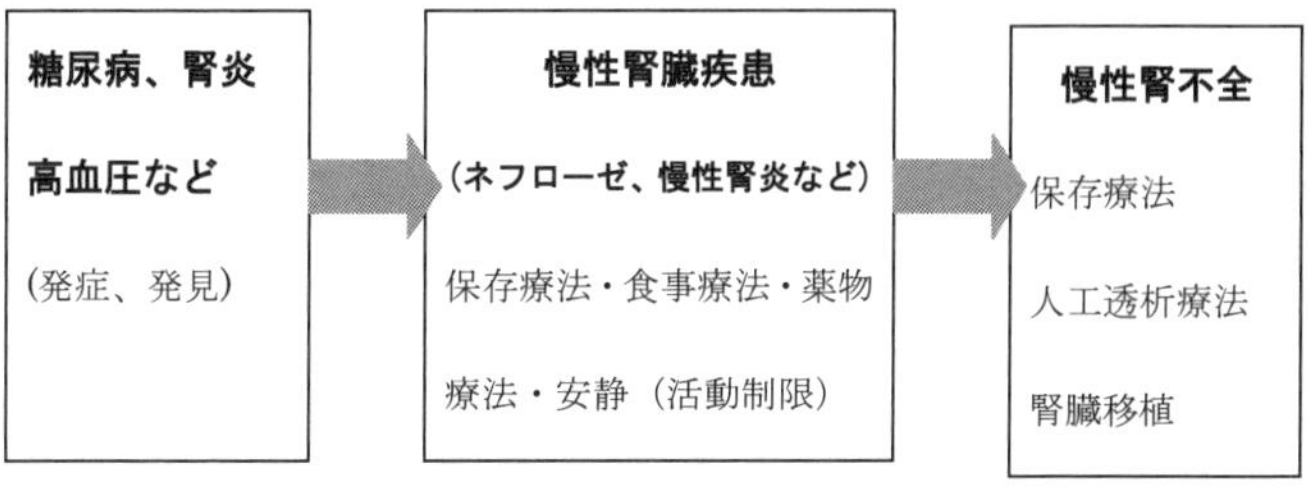

図1　慢性腎臓疾患の推移と治療法

きりとした自覚症状はなく曖昧であり、中にはまったくない場合もある。病気が直接に「死」に結びつかないこと、病名が一般に知られておらずインパクトが弱いことから、発病した時や診断を受けた時の気持ちは、動揺はあったとしても比較的マイルドであることが多い。発病に引き続く通院・入院・投薬や、保存療法などを通して病気が認識されていくが、「病気である」という自覚は概して持ちにくい。

このような病気のインパクトの弱さや自覚の持ちにくさは、病気の「否認」へと繋がりやすい。慢性疾患患者の場合、「否認」は、病気と向き合うことを一時的に棚上げし、これによって病気以外のさまざまな現実的な問題に対処することが可能になるという、ポジティブな機能を有している。しかし他方では、病気を軽視して治療に取り組まず、結果として病気の悪化を招く場合もある。保存療法の成果は即時に現れてくるものではない。また保存療法に取り組まなかった結果として、病気が悪化するのも少し先のことである。保存療法は「セルフ・コントロール」とも言われるように、患者自身の自己管理に負うところが多く、ここに保存療法の難しさがあるとも言われる。

保存療法による活動や食事の制限は、個人差はあるものの、概して緩やかである。日常生活への支障はそれほど深刻ではなく、病気ではない人と大差ない生活も不可能ではない。また病気が外見に現れないため、家族やごく親しい人々を除いては、周囲の人々に病気が知られていないことが多い。

繰り返される病気の捉え直し　慢性疾患においては、「病気が治らない」という事実を受け容れていく心の作業は、心理的・社会的適応にも関わる重要なものと位置づけられている。筆者が研究対象とした人々においては、先述した病気の曖昧さという特性もあって、概して病気は比較的スムースに受容れられていた。しかしながらこれは一度きりではなく、繰り返し行われる心の作業であった。そしてこの繰り返しの契機となるのが、ライフ・イベントへの直面と、病気の再燃・悪化という出来事であった。

長期間にわたる病気の経過の中では、さまざまなライフ・イベント（入学、卒業、就職、結婚、出産、退職、親の死、配偶者の死など、多くの人々が一生涯の中で共通して経験する重要な出来事）を迎える。また、治療に取り組んでいたとしても、病気の再燃や悪化は免れられない。慢性腎臓疾患を持つ人々においては、これらの、時に予期せぬ出来事に遭遇するたびに、病気の捉え直しが行われていく。これは人生の危機とも言える経験であり、ここでは病気の位置づけや意味づけ、そして時には自己の問い直しというより深い心の作業が行われるのである。

このようにして病気の捉え直しが行われる時、曖昧な病気は突如として、明確な対象として立ち現れる。これは「健康」と「病気」の境界が明瞭となる経験と言えるだろう。そこで次節では、ある当事者が直面した危機についての語りを通して、その「境界」の経験を描き出してみたい。

2　ある当事者における「境界」の経験——Yさんが直面した危機

ここで取り上げるのは、筆者の研究インタビューに協力してくださったYさん（女性、三六歳）である。Yさんは体格がよく快活で、一見して病気には見えない。ハスキーな低い声で、自分を飾らずさばさばと語られるのが印象的であった。結婚はしておらず、母親と二人で暮らしている。現在は人工透析専門の病院で、介護の仕事に従事している。文中、「　」内はYさん自身によって語られた言葉である。なお、匿名性を保持するため、事例の本質を損ねない程度に、内容の一部に変更を加えた。

Yさんは一五年前（二一歳）、風邪で病院にかかった際に、慢性の腎臓疾患と診断された。元々「腎臓が弱い家系」であったこと、また積極的な治療は必要ない段階だったことから、ショックなどの気持ちの動揺はなかった。現在までのところ、貧血気味で疲れやすい他は、病気の自覚症状はほとんどない。軽い食事制限はあるが、日常生活や就労には問題はない。激しい運動や肉体労働など、身体への負担の大きい活動は控えるよう担当医から指示されている。

短大を卒業後、派遣社員や契約社員として、いくつかの会社で事務や経理の仕事をしてきた。仕事は忙しく、生活はハードであったが、幸い腎臓機能は悪化せず、もしかすると良くなるのではないかと思うほどに楽観していた。しかし年齢とともに病気の進行のペースが徐々に加速してきたため、二年前からは投薬治療を開始した。これについては、「歳を重ねると、だんだん出てくるものだから」

と淡々と受け止めた。

病気の経過が長いこともあって、「自分自身は健康で、それ（腎臓）以外はどこも悪いところありませんっていう感じ」である。ただ、現在の職場では人工透析の段階に入った患者さんと接しているため、どうしても自分の状態と比較してしまう。「自分はそこまで悪くないな」と思う一方で、「この先、人工透析になったらどうしよう」という不安も感じる。

「私は一体どこまで悪いんだろう、っていうのが半分。全然悪くないんだけどな、っていうのが半分」。また、血液検査の結果を見ると、「徐々に徐々に、死に近づいてるような気がするので。正直、心のどこかで不安」がある。

将来への不安と転職　ここ数年になって、たった一人の家族である母親もいずれ他界し、「老いて自分が一人ぼっちになった時、どこまで病気と一緒に生きていけるか」という先の不安を感じるようになった。それに加えて、結婚をめぐる葛藤にも直面するようになった。病気のため結婚や出産は難しいだろうと常々考えてきてはいたが、それが次第に現実味を帯びてきた。そこで「私はもう、病気なんだと。結婚しないで、ずっと自立してやってくんだって」、「結婚しても子どもは産まないぞって」と、自分の中で気持ちの整理をつけることにした。「割り切ってるようで、常に頭のどこかで〝私は病気だから〟っていうのがある」。

このような葛藤と、将来への不安から、「自立して、一人で病気と一緒に闘いながら生きていかなければならない」、そしてそのために「手に職を」と考えるようになった。真っ先に思い浮かんだのが、かねてから関心のあった介護の仕事であった。小さい頃から年配の人たちに囲まれて育ってきているため、高齢者と関わるのが好きである。しかし介護の仕事は身体への負担が大きいため、病気の悪化を招くリスクは否定できない。悩んだ末に、Yさんは思い切って転職を決断した。

まずは派遣という形で介護の仕事を始めてみた。しかし身体的な負担はやはり大きかった。職場では「極力、病気ではないふうに自分では心がけてたんで。うーっとなってる姿はまるっきり見せませんでしたね。見せてたら働けないので」と、自分の病気を見せないようにしていた。しかし「この仕事は向いていないかもしれない」、「好きだけではできない」と思い悩み、何度か辞めることも考えた。その中でもなんとか仕事を続けていくうちに身体的負担にも慣れ、幸い病気も悪化しなかったことから、介護の仕事を「一生の仕事にしよう」と決めた。

危機への直面　Yさんはさらに一歩進んで、より安定した常勤職への転職を考えるようになった。偶然に常勤職の求人情報を知って、迷わず応募した。このために介護関係の資格も取得した。書類審査も面接も無事にパスし、ほぼ採用の見通しとなった。

ところが、採用にあたっての健診で引っかかってしまった。採用先は雇用を再検討したいので、病気のことでYさんの担当医に詳しい話を聞きたいとの意向を伝えてきた。入社を目の前にし、新しい道が開けると希望を持っていた矢先の出来事で、ショックは大きく、食事も喉に通らないほどだった。

Yさんが筆者のインタビューに応じてくださったのは、この危機に直面した時であった。この心境についてYさんは次のように表現している。

「自分の人生的な感覚も、職業的な感覚も、その一つの〝慢性腎炎〟って言われる自分の病気が、こう、真ん中にいるところが動くと、ありとあらゆるところがグルグルグルグル、目まぐるしく回るようになりましたね」。

今回の転職に至るまで、〝病気を抱えながら生きていくこと〟をめぐる葛藤と熟慮と決断とを重ねてきた。自分では、「介護の職っていう道で進んでいけそうだって、乗ってきたぐらいのところ」であり、そこから「突き落とされるような感じ」である。

それと同時に「自分では健康って思ってても、やっぱり病気は治ってないんだなって」と、改めて〝自分が病気であること〟を強く意識させられた。病気はちゃんと治療はしていて、でも思ったようには治っていかないのが悔しい。「介護の仕事にはやっぱり就けないのかなあって思わされちゃった」と語り、やはり自分には向いていなかったのか、方向性は間違っていたのだろうか、と、自分のこれまで考えてきたことや下してきた決断に対する自信が揺らぎ、迷いが出てきた。

希望と絶望のあいだ　病気が支障になることは「仕方がない」と思う。「最初から病気って分かってる人間を雇いたいっていうところはどこもないと思うから」。しかし今回のように、病気のために、働いてもいないのに不採用になる。「これから先も、ずっとこんなだったらどうしよう」と絶望に近い気持ちにもなる。

採用か不採用かが分からない、という曖昧な状況も苦しい。現時点では採用の可能性はゼロではない。「もしかすると」、と希望を持ってしまうのも辛い。いっそのこと「ダメ」とはっきりと言われた方が、自分でも「身体を使う仕事はやっぱりダメなんだ」と違う方向に転換できると思う。

今回の出来事は「自分に対しての転機」と思う。ここで採用か不採用か、どちらに転ぶのかで自分の人生は大きく変わってくる。なんとか採用にならないかと希望を持ちたい。もし不採用になったら、「またがんばろう、まだ若いんだから」と方向転換するのに、少し時間がかかりそうな気がする。

自分の転機は果たしてどちらの方向に向かうのか。希望が叶うのか、それとも絶望することになるのか。不安と揺れる気持ちを抱きながら、採用先の判断を待つ日々である。

3　不確実な「境界」を生きること――そして「越境」

不確実さの中での揺れと葛藤　Yさんは病気を抱えながらも、健康な人々と変わらぬ生活を送ってきている。Yさん自身、自分が病気であるという自覚はない。しかし他方では、ゆっくりと緩慢に「死」へと向かっているという、漠然とした不安がある。不確実さの中でこのように揺れ、葛藤する「病気」への意識は、Yさんの語りの随所に見られる。

これが顕在化するのはまず、生き方や仕事、結婚、出産、そして自立をめぐる葛藤においてである。病気だから結婚や出産は難しいかもしれないが、可能性はゼロではない。病気がこれらのライフ・イベントにもたらす影響は、曖昧で不確実である。しかし曖昧で不確実であるがゆえに、逆に病気が強く意識され、「自分は病気だから」結婚・出産はしないという、いわば主体的な線引きが行われている。この主体的な線引きは、曖昧で不確実な状況の中で、揺らぎ揺らがされる自分をなんとか留め、先へ進もうとする試みにも見える。

転職を決断する際にも、揺れと葛藤は顕在化する。「病気」は、介護の仕事への希望を断ち切るには弱すぎる理由である。しかし、希望を叶えようとすることには病気が悪化するというリスクを伴う。介護の仕事に転職したら、病気は悪化するかもしれないし、悪化せずこの道でやっていけるかもしれない。双方に開かれた可能性に葛藤した末に、Yさんは転職を決め、人生を拓いていった。

可能性と義務としての「越境」　Yさんは、健康な人々と同程度に働くことができるものの、職場では身体的負担を感じることがたびたびあった。しかしながら、仕事への支障も考えて、自分の病気を周囲にはできる限り見せないように努めてきた。このようにして、自身の病気を周囲に見えないように覆い隠す行為は、Yさんが一時的にではあれ「健康な人」であることを可能にしている。

ゴッフマン（二〇〇一）は、何らかのスティグマを抱える人が、信頼を損なう可能性のある自分自身の情報を隠したり、やり過ごすなどの印象操作を行うことを、「パッシング（素性を隠しての越境）」と名づけている。Yさんが病気を覆い隠すという行為は、まさにこの「パッシング」であろう。そしてこれによって「病気」と「健康」という境界線を、一時的であれ「越境」することができるのである。この意味でパッシングは、治らぬ病気を抱えながら社会を生き抜くための、一つのストラテジーと言える。

しかしパッシングによる「越境」は、〃せざるを得ない〃ものでもある。一時的であっても「健康な人」となることは、「健康な人」としてのさまざまな義務を課され、それらを全面的に引き受けることでもある。そこではもはや病気を言い訳にすることはできず、「健康な人」に徹することが必要とされるのである。したがって、自身の病気は覆い隠さざるを得ないものでもある。パッシングによる「越境」は、可能性と義務という二つの意味を帯びるものであると言えよう。

むすびにかえて

慢性疾患という「境界」は、不確実さに満ちている。この「境界」を生きることは、不確実さの中を絶えず揺らいでいくことである。そしてその揺れに、時には抗いながら、「病気」を機軸に自分の位置を確かめながら、生きていく経験である。

「健康」と「病気」とのあいだに境界線を想定するなら、慢性疾患を持つ人々はその境界線に限りなく近づくことはできるかもしれない。パッシングによって一時的・部分的に「越境」することも（時にはせざるを得ないが）可能である。しかしながら、決してその境界線を越えて「健康」になることはできない。したがって「健康」と「病気」の境界が曖昧化したとしても、その境界線は断絶として残され、その極限まで近づくことはできても、やはり越えることはできないのである。この時病気は強固な「壁」として立ちはだかる。当事者にとって、「健康」と「病気」の境界線は、曖昧であるけれども明瞭であるという意味で、二つの相反する特性を持つものとして経験されていると言える。

「一人で病気と一緒に闘いながら生きていかなければならない」――Yさんは今後の人生について、このように語った。

病気やその影響が不確実な状況の下で、絶えず揺れながら葛藤すること。病気でありながら健康な人と同様の義務を課され、それを引き受けること。その中で時にパッシングというストラテジーを用いること。自ら積極的に治療に取り組み、病気の自己管理を断続的に行いつつ、病気が悪化するリスクも常に引き受けること。さらに、自分の生きる道を主体的に判断し、選びとっていかなければならないこと。このすべてが、当事者個人が背負っていかざるを得ない問題の多さと重さとを指し示してはいないか。病気でありながら健康な人と同様の生活をするという生き方は、一見穏やかではあるが、それが内なる孤独な「闘い」であり、ある種の「強さ」を要するものであることを髣髴とさせる。

「健康至上主義」とも形容される現代社会においては、「健康」は、どこまでも異常の消去を推し進めようとする目標を示す概念と化しており、病気は自ずと消去・排除の対象となる傾向にある（上杉、二〇〇〇）。とすると、境界線を越えられぬ慢性疾患の当事者においては、「健康」と「病気」の境界は曖昧していくのではなく、むしろ明瞭なものとして、いっそう強烈に経験されていくことを意味するのではないだろうか。そして当事者においては、よりいっそう孤独な「闘い」と、それに対していく強さやしなやかさが必要とされていくことになるのかもしれない。

参考文献

フランク、アーサー（二〇〇二）『傷ついた物語の語り手――身体・病い・倫理』（鈴木智之訳）、ゆみる出版。

ゴッフマン、アーヴィング（二〇〇一）『スティグマの社会学』（石黒毅訳）、せりか書房。

クラインマン、アーサー（一九九六）『病いの語り――慢性の病いをめぐる臨床人類学』（江口重幸・五木田紳・上野豪志訳）、誠信書房。

中村雄二郎（一九九二）『臨床の知とは何か』岩波書店。

上杉正幸（二〇〇〇）『健康不安の社会学　健康社会のパラドックス』世界思想社。

《コラム》不妊治療の場を越えるために——生活の場との境界を行き交って

安田　裕子

結婚して子どものいる家族を築いて……、という人生展望を思い描く人は少なくないだろう。しかし、結婚後、子どもを望んでも恵まれにくいカップルがいる。現代の日本では、そうした人々に、不妊治療をするという選択肢が用意されている。「人に勧められて」、「結婚が遅かったから」、「検査だけは受けようと思って」、「二人目ができないから」。経緯は様々であるにせよ、子どもができにくいのかもしれないと不安に思い、期待をかけて不妊治療に通い始める人々がいる。

ただし、一九八三年に成功した体外受精や、一九九二年に成功した顕微授精などの高度な治療法であっても、成功率は二〇パーセント前後と、決して高くはない。つまり、不妊治療を試みても妊娠しないカップルも存在する。そして、採卵できない、受精しない、着床しない、妊娠が継続しない（流産する）と、不妊治療が失敗にいたる段階も異なっている。また、冒頭で述べたように、不妊治療に通うきっかけや理由にも、個別の背景がある。こうしたなかで、不妊治療に通う当事者間で、「子どもがひとりいるのなら十分よ」—「ひとりっ子はかわいそうといわれるのが辛い」、「妊娠できるのならいいじゃない」—「流産を繰り返すぐらいなら妊娠しない方がまし」と、排他的な感情に支配される場合があることを否定できない。また、一緒にがんばろうねと不妊治療に向き合っていた仲間同士であったのが、どちらかが妊娠したのを機に、裏切られたという感覚をもつこともままあるという。そして、「産めない私」に劣等感を覚え、自分自身の言動や感情を制御できなくなって、戸惑いや自己嫌悪を感じ、苦悩する女性も多い。不妊治療の対象となった時点で女性たちは、子どもを産む可能性の高低で序列を付けられ、自己評価を低めたり、互いに分断されてしまうのである。そして、身体的・精神的・経済的・時間的に過重な負担を背負い、苦しみに苛まれながらも、不妊治療に通い妊娠することに、自らのアイデンティティを追い求めるようにすらなっていく女性も少なくない。

こうしたことは、受胎を最大の目標とする不妊治療の場の性質に起因する、といえるかもしれない。日本では、結婚したら子どもをもって当然だとする認識が、いまだ一般的である。そこには、歴史的に堆積した文化的社会的な影響を下敷きに、女性自身の子どもが欲しいという願望が見え隠れする。こうした当事者女性の切実な思いと、生殖医療技術の発展に寄与する科学者の知的欲望とが共鳴し、高度な治療技術が生み出されてきたといえる。そして、治療技術を駆使して受胎させることが目指される不妊治療の場で、「不妊患者のために」と不妊治療が行われるのである。

ここで指摘したいのは、女性たちを不妊患者という枠へと囲い込む境界の存在であり、その境を越えてみようとする観点の重要性である。たとえ子どもに恵まれにくい状態であっても、患者として不妊治療に通う以外の生活や人生があり、多様な経験がありうる。不妊患者という枠を取り払い、不妊治療の場を越えて、彼女たちの生きる生活の場や人生のステージに光を当てることは、「妊娠した」、「子どもを産んだ」という価値基準ではとらえきることのできない、人の多様な有り様への理解を深める鍵となる。

近年の生殖医療技術の高度化・先端化は、確かに、自然妊娠が難しいカップルの希望の拠り所となっている面がある。しかし、選択可能な治療法の出現が、「子どもに恵まれない」→「不妊」→「不妊治療」という一方向の図式を強固にし、そこからの離脱を困難にさせ、当事者の苦悩を深めているのならば、それは問題である。不妊治療において新たな選択肢が増えているからこそ、「子どもを産む」ことを絶対視しない観点が必要になってくる。不妊治療に通う選択をしても、治療に通い続けることや妊娠することだけに絡め取られることなく、不妊治療の場と生活の場を行き交いながら、子どもをもつことについて、生活設計や人生展望を見据えた選択ができるような社会的基盤が望まれる。

第II部　境界で生きる

第3章　イスラーム社会における改宗
——宗教という境界をめぐって

岩崎　真紀

1　境界としての宗教

エジプトで生活していると、イスラームという宗教がいかにこの社会に浸透しているか、様々な局面で気づく。街や村のいたるところに立つモスク。ミナレット（モスクに付随する塔）からは、日に五回、礼拝に集まるための呼びかけであるアザーンが鳴り響く。「アッラーフ・アクバル、アッラーフ・アクバル、ラー・イラーハ・イッラ・ラー」（神は偉大なり、神は偉大なり、神以外に神なし）で始まるアザーンが、近接するいくつものモスクから同時に聞こえてくる様は、まるで音を通してイスラームが社会に満ちていくかのようだ。礼拝の時間には、モスクに入りきらなかった人々が周辺の路地に溢れ、礼拝のために敷かれた敷物の上で、肩を触れ合わせながらマッカ（メッカ）の方角に向かって神への祈りを

モスクが点在するカイロの街並
(2005年12月20日撮影)

捧げる。タクシー、商店、レストラン、様々な場所で、様々な時間に、CDやテープに録音されたクルアーンの朗誦や著名な宗教指導者の説教、時には実際に聖典の章句を朗誦する人の声が聞こえてくる。一筋の髪の毛も見えないようヒジャーブというベールできっちりと頭を覆った女性や、眼だけを残して顔全体を覆うニカーブというベールを身につけた女性は、装いによって自らのイスラーム信仰を実践しているとも言える。一歩通りに出て顔をあげればこうした光景が目に、耳に入るエジプト社会では、たとえムスリムでなくとも、日々の暮らしのそここに立ち現れるイスラームの存在を感じない日はない。

　このことは裏を返せば、非ムスリムにとっては、常に自分がイスラームという宗教の境界で囲われた世界の外側にいることを感じさせられるということでもある。人種、民族、社会階層、出身地、性別、人と人を分かつ境界は種々あるが、現代のエジプト社会において宗教＝イスラームという境界の存在は非常に強力で、境界の外に位置する非ムスリムが疎外感を持ったり、不利益を被ったりすることも少なくない。しかし、このような社会にあっても、少数ながら、イスラーム共同体から異なる信仰共同体へ越境、すなわち、改宗する人々が存在する。彼らを改宗へと突き動かすものは何だろうか。そして、そのことは彼らにどのような影響を及ぼすのだろうか。本章では、こうした問いに対して、イスラームから他の宗教に改宗した人々の中でも、バハーイー教という宗教へ改宗した人々に焦点をあて、イスラーム社会の中で改宗という越境を実践することがどのような意味を持つのか考えてみたい。

2　エジプトの宗教状況とバハーイー教の位置づけ

エジプトは、憲法においてイスラームが国教として規定され、様々な場においてイスラーム的規範が適用される国である。しかし、その一方で、総人口約七六〇〇万（二〇〇八年統計）のうち、非ムスリムが約一〇〜二〇パーセントを占める、宗教的多元性を持った国でもある。宗教的マイノリティである非ムスリムの内訳は、七世紀にイスラームが到来する以前からの伝統を持ち、マイノリティ人口の大半を占めるコプト正教徒、その他キリスト教諸派（コプト・カトリック、コプト・プロテスタント、ローマ・カトリック、プロテスタント諸派、ギリシア正教徒、アルメニア正教徒）、ユダヤ教徒、バハーイー教徒（以下バハーイー）から成る。これら宗教的マイノリティの人々は必ずしも社会的・経済的劣位にあるわけではないが、政治的に、あるいは日常のかかわりの中で彼らがイスラームという境界によって隔てられ、周縁化される局面は、エジプト社会の様々なところで見受けられる。

中でも、現在のエジプトにおいてもっとも大規模な迫害を受けているのが、一九世紀半ばにイスラームの流れを汲む宗教としてイランで誕生したバハーイー教である。同教は一八六〇年代にエジプトにもたらされ、現在では五〇〇〇～二〇〇〇〇人の信徒がいると言われるが、一九六〇年の大統領令による一切のバハーイー組織の非合法化、一九六五年から二〇〇一年の間に計六度にわたり行われた信仰を理由とした投獄、二〇〇四年以降続く公的証明書交付禁止など、幾度も政府からの弾圧を受け、イスラームが社会の中心にすえられたエジプトの周縁へと追いやられている。

このような政治的弾圧の背景には、イスラームとバハーイー教の教義の相違、特に預言者観の相違が存在する。イスラームはユダヤ教とキリスト教という先行するセム系一神教を、啓典と律法を持つ宗教として認め、モーセやイエスなどの預言者性も認める。しかし、イスラームこそが真正の宗教であり、その創唱者ムハンマドを「預言者の封印」であるとするため、ムハンマド以降の預言者の存在を一切認めない。これに対してバハーイー教は、ムハンマドを諸預言者（厳密には大教育者という名称）

のひとりと認めながらも、近現代の人類を導く預言者はバハーイー教創唱者バハーオッラー（一八一七―一九二）であり、やがて来る次千年紀にはその時代のための新たな預言者が現れるという立場をとる。ムハンマドを最後にして最大の預言者とはみなさないこの教義は、ムスリムからするとイスラームの根幹を否定する受け入れがたいものであり、バハーイー教批判へとつながるのである。

3　改宗は宗教的越境か

筆者はこれまで三世代にわたるバハーイーと会い、多くの時間をともに過ごしてきた。イスラームあるいはコプト・キリスト教からの改宗者である第一世代、両親あるいは片親がバハーイーである第二世代、祖父母および両親がバハーイーである第三世代である。どの世代の信徒にとっても、イスラーム的原理が社会のすみずみまで行きわたっているエジプトにおいて、バハーイーとして生きることは容易なことではない。しかし、イスラームからバハーイー教へ改宗した第一世代ほど多くの困難と向き合いながら生きてきた存在はないように思われる。というのも、イスラームにおいては、他宗教への改宗は「棄教」として厳しく禁じられ、イスラーム法上は原則として改宗者には死刑という判決が下されるからだ。現代のエジプトでは、改宗者に対して実際に死刑が執行されることはないが、ムスリムの意識の中でこの規範の存在は大きく、イスラームから他宗教への改宗はエジプト社会の中で大きなタブーとなっている。改宗を公にした場合、警察による拘留、勤務先からの解雇、家族や友人からの非難など、国家、社会、家族という幾つものレベルの共同体から、きわめて厳しい扱いを受けることは不可避である。そうしたことがある程度予測できるにもかかわらず、改宗者である第一世代は、なにゆえ危険を冒してまで、イスラームの境界を越え、バハーイー教という新たな信仰世界で生きることを決意したのだろうか。家族も親族も皆同じ信仰を持ち、その教えに則って日々の生活が営まれる、そんな社会にあって、何が彼らを異なる信仰へと導いたのだろうか。ここでは、第一世代の二人の女性の体験に耳を傾けてみたい。

ソメイヤ・タンターウィーさん　現在は年金生活を送るソメイヤ・タンターウィーさん（六八歳）は、一九四〇年にエジプト中部のミニヤ県に生まれ、カイロ大学卒業後は高校の美術教師として働いた。三歳で死別した父はイマーム（イスラーム指導者）、年の離れた長兄はムスリム同胞団（イスラーム政治結社）に属するという信仰熱心なムスリム家庭であったという。彼女自身も、礼拝は欠かさず行い、クルアーンの全章句を暗唱する敬虔なムスリマ（女性イスラーム教徒）であった。そんな彼女は、一九六四年のラマダーン（イスラームの断食月）のある日、嫁いだ妹から食事の招待を受け、その席で妹とその夫がバハーイーであることを知らされた。それがバハーイー教との出会いだった。その時妹は、「他の家族にバハーイー教のことを話しても分かってもらえないのは確かだけど、ソメイヤなら受け入れる余地があると思ったから話したの」と言ったという。しかし、妹が改宗したことを知った彼女の心は燃えるような怒りに満ち溢れ、バハーイー教の存在を受け入れることなどできなかった。「預言者ムハンマド以外の預言者を認めるなんて、不信仰者よ」と妹夫婦を責め、やり場のない怒りに、ひとり部屋に閉じこもった。

だが、時が経ち、冷静になってみると、妹の言ったとおり、心の中にバハーイー教の存在を認める余地が生まれた。その聖典にも興味が湧いてきたため、彼女は妹から聖典のひとつ『確信の書』を借りて読んだ。異に反して彼女はそれを「とても美しい」と感じた。その後、他の聖典も読み、妹夫婦と信仰について何度も話し合った。

ソメイヤ・タンターウィーさん
(2008年11月28日ミニヤ市にて撮影)
首に下げているのはバハーイー教のシンボルが刻印されたペンダント

やがて彼女は、自分の心がイスラームとバハーイー教のはざまで揺れ動いていることに気づいた。しかし、やはりイスラームに留まらねばならないという強い自覚もあった。そのため、あえて母や兄妹にバハーイー教のことを語り、相対化することによって、ムスリマとしてあろうとした。しかし、初めてバハーイー教を知って以来、一年間、睡眠時間を削ってまでも数あるバハーイー教の聖典とクルアーンや聖書をはじめとする他宗教の聖典を熟読する日々を続けるうちに、何かが彼女の中で変わっていった。ユダヤ教、キリスト教、イスラームはもとよりヒンドゥー教、ゾロアスター教、仏教など先行宗教の正統性を肯定するバハーイー教の包括的ありように惹かれた。そのことは彼女の心に混乱や動揺をもたらし、ベッドの中で声を押し殺して涙する日々が続いた。しかし、ある晩、決定的な体験をする。その時も彼女は信仰に悩み、自室で泣いていた。どうにかして涙を乾かそうとしていると、暗闇の中に二人の人物の影が見えた。その人影たちはバルコニーからカーテンを開け部屋の中へ入ってきた。漆黒の闇の中、なぜか彼らだけが光り輝いていた。そして、部屋中のすべての場所から、男性とも女性ともつかない声で「アブドゥル・バハー、ムハンマドは神の使徒なり」という言葉が聞こえてきた（前者はバハーイー教第二代指導者。教義上は預言者ではないが、バハーイー教を世界に広め、バハーイー共同体の基盤を構築した人物として信徒から敬愛されている）。彼女は恐ろしくなり、布団にもぐりこみ「出て行ってください」と懇願し続けた。どのくらいの間そうしていただろうか。やっとの思いで毛布の隙間から部屋を見ると、人影は消えていた。そして、ふと視線を転じると、ベッドの上が一面葡萄の葉で覆われていた。部屋は真っ暗だったにもかかわらず、この葉は光り輝いていたという。彼女はこの瞬間、「神よ、もう十分です。わたしはバハーイーになります。バハーオッラーを信じます」と言い、バハーイーとなった。彼女は言う。「わたしはその時気づいたの。バハーイー教は神からの真実であり、バハーイー教こそが、神がわたしたちすべてに望んだあり方だということを」。一九六五年、二五歳の時のことだった。

ソメイヤ・ラマダーン　短編小説家・批評家であり国立人文学アカデミーの講師も務めるソメイヤ・ラマダーンさん(五七歳)は、一九五一年にカイロに生まれた。船会社に勤めていた父はスーフィー（イスラーム神秘主義者)であったが、家族全体の傾向としては、それほど宗教に関心を持った家庭ではなかった。また、彼女が青春を送った一九六〇年代のエジプトは学生運動が盛んで、友人たちの間でも社会でも、宗教的な話題が取り上げられることはほとんどなかったという。彼女自身もムスリマであることは名ばかりで、あまり実践することもなかった。バハーイー教の存在は、まだほんの小さな子どもの頃に新聞で初めて知った。しかし、その時は気に留めず、月日は流れた。そして、イギリス留学中の一九七八年二七歳のある日、訪問先の指導教官の自宅でバハーイー教と再会し、そこでバハーイーとなる決意をする。

ソメイヤ・ラマダーンさん（右）
(2008年11月17日カイロ市にて撮影)
ともに写っているのはムスリムの作家（中央）と編集者

この日、教官夫妻や他の来客と談

笑しているうちに、彼女は壁に掲げられた写真が気になり始めた。一瞬、預言者ムハンマドだろうかという思いが頭をかすめたが、そんなはずはないとその思いを打ち消し、教官の妻と二人きりになった時、その写真に写っている人物が誰なのか尋ねた。しかし、妻は「もう一杯紅茶はいかが」などと言って、返事をはぐらかす。彼女はどうしても答えが知りたくなり、誰なのかと再び聞いた。すると妻は「知らないの？」と逆に問い返してきた。「もちろん知るわけないじゃない」と言う彼女のもとに、来客との話を終えた教官がやってきた。夫妻は彼女の質問をのらりくらりとかわし、一時間以上も他愛ない会話を続けたが、彼女が引き下がらずにいると、写真はバハーイー教第二代指導者であるアブドゥル・バハーの若い頃の姿であると明かした。パレスティナに出自を持つ指導教官は彼女の父の知人であったため、カイロにいる時から交流があったが、彼女はこの時初めて彼と彼の妻がバハーイーであることを知った。彼女は写真の人物が関係するというバハーイー教に強い関心を持ち、自宅へ帰る最終電車を乗り過ごしてしまうほど夫妻の話を熱中して聞いた。そして、「これは真実だ」と感じた。その時彼女はバハーイーとなることを決めたのである。しかし、元来懐疑的で慎重な性格という彼女はそのことを立証する必要があった。そこで、後日聖典『至聖の書』をはじめとするバハーイー教に関する本をむさぼり読んだ。その結果、「男女平等を順守し、極端な貧富の差を排除し、平等を尊ぶバハーイー教は、人類があるべき姿を示している」という結論に達し、バハーイーとして生きることの正しさを再確認したのである。

彼女たちの改宗の直接のきっかけは、幻視や直観という神秘体験であると語られる。そして彼女たちには、それ自体は抗いがたいものとして体験されている。この宗教体験は、彼女たちが慣れ親しんできたイスラームの教義や家族関係、社会的立場などとの軋轢について顧みる余裕を与えないほど強烈なものだったのである。

改宗という宗教実践は、信仰共同体間の境界を越えるという意味において、越境と言うことができるだろう。しかし、こうした理解は、当事者である彼女たちのリアリティとは必ずしも一致しない。バハーイー教はイスラームの正統性も認めるため、彼女たちにしてみれば、その信仰世界の中で生きることは、イスラームの境界を越えることを意味しないからだ。彼女たちにとって、改宗とは宗教的越境ではなく、信仰的連続性を伴った付加的な変化とも言うべき実践なのである。

翻って、次節で見るように、イスラーム社会においてムスリムとして暮らす家族からすれば、彼女たちの宗教体験がいかなるものであったとしても、改宗という行為はイスラームの教えを無下にする断絶を多く含んだ宗教的越境である。そして、その越境とは、自分と相手との間に決定的な差異をもたらすマイナスの実践としてしかみなされないのである。

4　信仰と家族のはざまで

バハーイーになることはとても自然なことだったと第一世代の人々は言う。確かに、彼ら自身の内面の信仰という観点から見れば、そうだったに違いない。しかし、ムスリムである彼らの家族や友人たちから見れば、イスラームの境界を越え、イスラームを「棄てる」彼らの行為は不自然きわまりないものである。

タンターウィーさんの場合、彼女の改宗を知った家族の中でも、年の離れた長兄の怒りはすさまじかった。ムスリム同胞団員で、熱心にイスラームを信仰していた長兄は、彼女がバハーイーになったと知るやいなや、部屋に駆け込んできた。音を立ててドアを開けた兄は、右手に大きなナイフを持ち、「お前を殺してやる」と怒鳴り散らした。だが、彼女は怯《ひる》むどころか、着ていたブラウスのボタンを引きちぎり、胸を差し出して言った。「殺せるものなら殺してみなさい。わたしは殉教者になり、あなたは殺人者になるのよ」。二人はそのままじっと向かい合った。やがて、兄は徐々に手をおろし、最後はナイフを床に落とした。そして、無言で家を出ていき、それから五年間帰らなかった。母は彼女がバハーイーになったことを知り、「あなたは天国に行けないわ。地獄に行くのよ」と言い、ずっと泣いていたという。

ラマダーンさんの場合は、自らの内面の変化をことさら公にする必要もないと感じていたため、バハーイーになったことはあえて公言していなかった。だが、親族や友達が集まったあるパーティーの席で弟が放った一言で、彼女がバハーイーになったことは皆の知るところとなった。その時弟は彼女にバハーイー教について様々な質問をしていた。それら一つひとつに彼女がきちんと答えるのを聞いた弟は最後に次のように言った。「――そうか、本当にそうだったんだ」。弟は、ある時期からずっと彼女がバハーイーになったのではないかと疑っていたが、そのことを直接聞けずにいた。しかし、彼女がバハーイー教についてあまりに詳しいことを目の当たりにして、自分の推察が正鵠を射ていたことを知ったのである。彼女がバハーイーとなったことが明らかになったこの時、家族は皆一様に驚き、怒り、悲しんだという。彼女はこのことで大喧嘩をして彼らに恥ずかしい思いをさせたくなかったため、その後彼らへの連絡を控えた。彼女の場合、タンターウィーさんの兄ほどの怒りを表す家族はいなかったが、それでも彼らとの間には明らかな溝ができた。「家族だもの、完全に縁を切ることはできないわよね。家族はわたしに向かって『あなたが憎い』『あなたのことが大好きよ』の繰り返しで、わたしに対する気持ちは常に揺れ動いている」という彼女の言葉は、改宗の前と後では、家族関係が大きく変化したことを物語っている。

家族からすれば、彼女たちがバハーイーになることは、伝統や社会そのものであるイスラームからの越境であり、そこには様々な次元での断絶が内包されている。しかし、このような家族の反応は、改宗者から見れば、信仰につけられた名前だけにこだわっているに過ぎないと見えるのかもしれない。そこには、宗教という境界、そしてそれを越えることに対する、家族や社会と改宗者の間の大きな認識の相違が存在している。

5　越境か帰還か

タンターウィーさんは、ここ数年バハーイーである夫とともに、バハーイー教を広めるために信徒のいないアスワンに住んでいた。そこでは、バハーイー教に興味を持つムスリムたちが頻繁に訪れ、彼女と夫とともに信仰について語り合ったという。また、ラマダーンさんは言う。「自分の信仰を声高に他人に語る必要はないんじゃないかしら。それよりも自分が宗教的に生きていれば、相手は私という人間を認め、私の信仰にも敬意を払ってくれるはずよ」。二〇〇八年に彼女が著したバハーイー教に関する書籍を、ムスリムが経営するカイロの有名な出版社が出版したことは、彼女のその言葉を端的に表している。

上述のように、タンターウィーさんとラマダーンさんたちと個人的な付き合いのあるムスリムたちが彼らを非難することはない。それは、バハーイー教がイスラームを認める宗教であり、イスラームにプラスアルファの宗教であることを、周囲のムスリムたちも理解しているからに違いない。しかし、多くのムスリムにとって、バハーイーとの間には歴然とした境界が存在する。エジプト社会における イスラームからバハーイー教への改宗という実践は、家族や社会の視点では越境になるが、当事者の 視点に立てば、人が自らにふさわしい宗教を求めた結果の、宗教そのものへの帰還であると言えるの かもしれない。

＊本文中に登場する存命人物の名前は、本人の了承を得たうえで本名を用いている。写真はすべて筆者撮影。

参考文献

ハーツ、P．R．（二〇〇〇）『バハイ教』（奥西俊介訳）、青土社。

池内恵（二〇〇二）「『イスラーム的共存』の可能性と限界――Y・カラダーウィーの『イスラーム的寛容』論――」国際宗教研究所編『現代宗教二〇〇二』東京堂出版、七一―一〇〇頁。

大塚和夫（二〇〇〇）『イスラーム的――世界化時代の中で』日本放送出版会。

塩尻和子（二〇〇八）『イスラームの人間観・世界観――宗教思想の深淵へ』筑波大学出版会。

第４章　犠牲者体験を通じてのアイデンティティの揺らぎ
――アウシュヴィッツの生き残り、ジャン・アメリーを中心に

猪狩　弘美

はじめに

私たちはみな、好むと好まざるとにかかわらず、国家、民族、宗教などによって規定されたある種の集団に属しているが、その集団の境界線というものを普段はそれほど意識せずに、あるいはそれに疑問をもたずに過ごしている。しかし、当然ながら集団の境界線がいつでも鮮明に、何のずれもなく引かれているわけではなく、境界線を常に意識して生きていかざるを得ない人々も存在する。本章では、ナチ・ドイツによって迫害されたユダヤ人の一人である、作家ジャン・アメリー（Jean Améry）を中心的に取り上げ、所属集団に基づくアイデンティティの問題について考えてみることとする。

アウシュヴィッツ強制収容所を生き延びたジャン・アメリーは、後に、「ユダヤ人であることの強

制ならびにその不可能性」について論じている。彼は迫害される以前はウィーンで暮らし、ユダヤ人としての自覚をそれほどもたない、いわゆる同化ユダヤ人であったが、ナチによる迫害の体験を通じて、ユダヤ人としての自分を否応なく意識させられていった。アメリーの感じたアイデンティティの揺らぎと、彼の生きにくさとはいかなるものであったろうか。同じようにアウシュヴィッツの生き残りで、同化ユダヤ人であったプリーモ・レーヴィ（Primo Levi）の例にも言及しながら検討していきたい。

本稿は「ユダヤ問題」に関して直接的に論じるものではない。筆者は、ドイツ現代史に軸足を置きつつも、ホロコースト（ナチによるユダヤ人虐殺）を生き延びた人々に纏《まつ》わる問いを研究対象としており、想像を絶する暴力に遭遇し、破壊的出来事を受肉した犠牲者の心身の様態について取り組んでいる。以下では、そういった観点から境界線の問題を探ってみたい。

1　ナチによるユダヤ人定義

ナチ政権は、成立当初からユダヤ人を差別・迫害し、最終的には絶滅させようとした。しかし、「ユダヤ人とは誰か」という問いに答えるのは、たやすいことではない。ヨーロッパにおけるユダヤ人差別と迫害の長い歴史を紐解くと、ユダヤ人を定義する視点は決して単一ではなく、大まかに言って「ユダヤ教を信仰する者」と「ユダヤ人を親にもつ者」という二つの捉え方があることがわかる。それは宗教と民族の概念が入り混じったものであった。そして実際には、キリスト教への改宗者や、父母のどちらかのみがユダヤ人である人々など、ユダヤ人であるか否かが曖昧な人々も多く存在した。しかし、その曖昧な対象を定義することなしに、ユダヤ人であるという理由で解雇したり、財産を没収したり、迫害したり、絶滅させたりすることは不可能であろう。この問題に直面したナチ党関係者は、ユダヤ人を以下のように法的に定義したのである。

一九三五年九月一五日の「ニュルンベルク法（ドイツ人の血と尊厳の保護のための法律）」は、ユダヤ人と「アーリア人」の結婚を禁止し、ユダヤ人から公民権を剥奪し、公職から追放するものであり、ユダヤ人迫害を法的に裏づけた決定的なものであった。さらに、このニュルンベルク法に続く、一九三五年一一月一四日の「帝国公民法法令第一号」において、「ユダヤ人」は次のように定義された。

㈠本人がユダヤ教徒である者、あるいは祖父母四人のうち、少なくとも三人がユダヤ教徒である者

（完全なユダヤ人と四分の三ユダヤ人）

㈡祖父母四人のうちの二人がユダヤ教徒である者（二分の一ユダヤ人）のうち、

(a)ユダヤ教の共同体に属している

(b)ユダヤ人と結婚している

(c)完全なユダヤ人か四分の三ユダヤ人との間の婚姻あるいは婚外交渉から生まれた

ナチは、ユダヤ人の身体的あるいは気質的特徴を挙げることで、ユダヤ人問題を主に人種的なもの

として扱ったが、実際の法では、上記のような宗教と民族の入り混じった定義が採用されている。そして、このような加害者の側からの恣意的な境界線の設定をもって迫害の対象が決定され、プロセスは実行されていった。そのため犠牲者の一人一人がどの程度「ユダヤ人」としての自覚をもっていたかは必ずしも一様ではない。すなわち、通常は暗黙のうちに同一のものと見なされがちな、ナチにより法的に定義された「ユダヤ人／非ユダヤ人」と、個人のアイデンティティとしての「ユダヤ人／非ユダヤ人」との間には、実際にはずれがあった。本人自身がユダヤ教の共同体に属しておらず、ユダヤ人としての自覚をもっていなかったとしても、迫害の対象となり、強制収容所へ移送されたことも珍しくなかったのである。

2　ジャン・アメリーについて

ジャン・アメリーは、一九一二年にウィーンで生まれた。ユダヤ人の父は幼い頃にハプスブルク帝国のチロル猟兵として第一次世界大戦で戦死し、カトリックの母に育てられた。一九三八年のドイツによるオーストリア併合後、ユダヤ人の妻とともにウィーンを脱出し、ベルギーに亡命した。一九四〇年には「敵性外国人」として逮捕され、南フランスの収容所に送られている。一九四三年には、ベルギー国内のレジスタンス活動のドイツ人グループに加わり、ビラの配布に参加した廉で再び逮捕されて、ブレーンドンク砦で拷問を受けた後、アウシュヴィッツ強制収容所に送られた。戦争末期になってからブーヘンヴァルト、ベルゲンベルゼンの強制収容所を経て、解放された。

アウシュヴィッツでは、強制労働に従事させられ、日常的にガス室送りへの「選別」や、拷問、殺害が繰り返される中をくぐり抜けて、生き残った。収容所内でのユダヤ人以外の犠牲者――ナチ政権の政治的敵対者、同性愛者、精神障害者、シンティ・ロマ等――も決して軽視してはならないが、ユダヤ人はあらゆる局面において最下層に位置づけられていた。一説には、ベルギーからアウシュヴィッツへ送られた二三〇〇〇人余りのユダヤ人のうち、生存者はわずか六一五人に過ぎなかったという。戻ってきたときには、「ただ一人の人、その人のために強制収容所の二年間を生き抜いた」という、彼の妻はもうこの世にいなかった。

生き残った人々が解放後に、強制収容所での体験に関して周囲の人々に話したり、文章を書き記したりしたかどうかは個々人によって大きく異なるが、一般に、積極的に語るか、完全に沈黙するかという両極端の傾向が存在していたと言えるだろう。多くの犠牲者が苛酷な状況の中でなんとか生き残ろうとした理由の一つは、証言をして自らの身に起きたことを世界に知らせるためであったし、「生々しい経験を、とにかく話したい、聞いてもらいたい」という人々も実際にいた一方で、少なくない人々が長い間もしくは最後まで何も語らなかったという。アメリーは最初、後者であった。一九四五年に解放された後はブリュッセルに住み、文筆家として活動していたが、アウシュヴィッツでの体験とは直接関わらずに暮らしていた。

しかし、二〇年近くの沈黙を経て、アメリーはアウシュヴィッツ体験について書き始めることになる。その直接のきっかけは一九六三年から始まったフランクフルトでのアウシュヴィッツ裁判であったという。彼はこう記している。「この問題について私は口を閉ざしていた。ドイツにとっても私自身にとっても運命的な歳月だった一九三三年以降の一二年間を忘れたわけではなく、〈抑圧〉していたのでもなかった。戦後二〇年間、やっきになって〈失われ得ない時を求めて〉いたのだった。ただそれについて語るのが辛かったのである。アウシュヴィッツについての最初のエッセイを書いたとき、細い水路が開けたようだ。この水路にどっと水があふれ出た」。そうして書き上げたのが一九六六年に出版された『罪と罰の彼岸——ある打ち負かされた者の克服の試み』である。

3　ユダヤ人であることの強制と不可能性

長い沈黙の後にようやく、エッセイという形でアメリーは、アウシュヴィッツ体験との対決に取り組み始めた。その最初の著作『罪と罰の彼岸』の中の一つの論考として、彼は自らの「ユダヤ人であることの強制ならびにその不可能性」について語っている。ユダヤ人の誰かと話していて、「われわれユダヤ人は……」と当然のごとく言われたときにこみ上げてくる、重苦しいような不快感の正体について長らく考えた結論が、自分はユダヤ人でありたくないという理由から来るものではなく、ユダヤ人であり得ないにもかかわらずユダヤ人でなくてはならないという「強制と不可能性」によるというのである。

彼はもともと、自分自身をユダヤ人であるとはほとんど考えていなかった。ユダヤというよりもカトリックの教育を受け、青年時代はドイツ文学に没頭したのである。「宗教的にも人種的にもごたまぜである」自分の家族が、隣人にとってはユダヤ一家に他ならないこともよく知ってはいたが、それは「同級生の一人が破産した店の息子であったのと同じ」ようなことであったという。

ユダヤ人であることの不可能性については、次のような記述がある。「ユダヤ人であることが、他のユダヤ人と同じ信仰を分かちもち、ユダヤ人の文化や家族の伝統を尊び、ユダヤの国家理念を養うことだとしたら、私はとうていユダヤ人でありえない。私はイスラエルの神を信じていない。ユダヤの文化をほとんど知らない。子供のとき、夜の雪を踏んで田舎の教会のクリスマス・ミサに出かけたことはあるが、ユダヤ教の礼拝所に通ったことはない。(……)私が東欧ユダヤ人の言葉イーディッシュ語の存在を知ったのは一九歳になってからのことだった」。

けれども、ニュルンベルク法が公布された頃には、否応なくユダヤ人であることを意識させられていく。アメリーにとっては、ユダヤ人であることは当時「降って湧いた事件」として起こり、彼は自分が突然当事者となったことが呑み込めなかったが、それは生涯逃れることのできない根源的な事件として彼に影響を及ぼし続けた。強制収容所から帰ってきたアメリーにとって、「精神の社会的機能あるいは無能さという点で」事態は深刻であった。なぜなら「ドイツで教養をうけたユダヤ知識人」である彼にとっては「自分がよって立とうとする当の基盤が、ことごとく敵のものだった」からである。「精神の遺産と美的財宝はそっくり敵方の手に収まっていた」のだ。ドイツ文化を信じてきた彼は、アイデンティティを根底から否定されたと感じた。

迫害の結果として彼は、ユダヤ人でなければならないという強制を感じることになったが、たとえヘブライ語を習得したり、ユダヤの歴史や物語を読んだりしてユダヤ人になろうとしても、もともともっていないアイデンティティを作り出すことはできないと感じた。「人は誰でも、たとえのちに失ったとしても最初の人生の堆積であったものでなくてはならない。記憶の中に求めても、さっぱり見つからないものになるなどのことはできないのである。つまり私はユダヤ人になることができない。だが、それにもかかわらずユダヤ人でなくてはならず、この強制のためにユダヤ人以外であり得るはずの道が閉ざされているとしたら、私は一体、何者であるのか」。アメリーは、自分が何者であるのかわからず、途方に暮れて生きていかねばならなかった。

「私は今なお宙吊りになっている」とアメリーは書いている。ブレーンドンクでの拷問の際に、後ろ手に縛られたまま宙吊りにされた経験をもつ彼は、「二二年後の今なお肩の関節が外れたまま、床の上にぶらさがっている」のであった。

イタリア・トリノ生まれのユダヤ人、プリーモ・レーヴィの足跡も辿ってみよう。レーヴィは、一九四三年、二四歳のときに北イタリアがドイツ軍に占領された際に、レジスタンスに加わって逮捕され、アウシュヴィッツ強制収容所に送られた人物である。レーヴィはアメリーの場合とは異なり、解放後に故郷のトリノへ帰り着いてすぐ、最初の著書『これが人間か』(邦題『アウシュヴィッツは終わらない』)の執筆に取りかかった。彼は書かずにはいられず、また周囲の人に語らずにはいられなかった。「ものを書くことは毎晩襲い来るような強い欲求」であり、彼にとって治療行為の一種であったのだ。彼はまた、体験を伝えることは死んでいった者に対する義務であるとの意識も強くもっていたため、化学者としての本職の傍らでアウシュヴィッツ体験をもとにした多くの著作を世に出し、積極的に証言し続け、アウシュヴィッツの生き残りとして最も著名な人物の一人となっていった。

迫害されるまではユダヤ人であるという意識をそれほどもっていなかったという点では、レーヴィもアメリーとまた近い状況にあった。一九三八年のイタリアにおける人種法公布以来、迫害を受けてはいたが、彼は自分がユダヤ人であるとは感じていなかった。彼はアウシュヴィッツへ行くまでイーディッシュ語の存在を知らなかった。彼はイタリア人であると感じていた。アメリーもレーヴィもアウシュヴィッツでユダヤ人である以上にイタリア人であることがどういうことなのかを思い知らされたのだった。レーヴィはこう記している。「本当のことを言うと、その頃まで私はユダヤ人であることをさほど気にかけてはいなかった。自分の意識の中でも、キリスト教徒の友人と接していても、私は自分の生まれを、奇妙だが無視していいものと考えていた。鼻が曲がっていたり、そばかすがあったりするという、笑って見逃せるささいな違いだと思っていた。ユダヤ人とはクリスマスになってもクリスマスツリーを飾らず、サラミソーセージを禁じられているのに無視して食べ、一三歳になってヘブライ語を少し覚えるが、やがて忘れてしまうものだった」。

4　ドイツ語・ドイツ人への態度

ところで、ジャン・アメリーという名前は彼の本名ではない。このフランス風の名前は本名のアナグラムで、本名はハンス・マイヤー（Hans Mayer）という。同名の著名な文芸評論家と混同されるのを避けるためというのも少しはあったようだが、最大の理由は、自分を拷問し苦しめたドイツ人の言葉で文筆活動を営まなければならないことに違和感を覚え、せめてドイツの名前を名乗るのを避けたということにある。

自分の母語が支配者の言語であるということには、単なる嫌悪感だけではない複雑な感情があった。亡命中にドイツ兵が部屋を訪ねてきたときのことを、アメリーは次のように記している。「おそらくその言葉を耳にしていなかった私は、同じ訛りのドイツ語で返答したいという奇妙な誘惑を覚えたものだった。奇妙なという以上にほとんど倒錯した感情と言えただろう。膝はガクガク震えているのに親しみをあらわしたくてならないのだ」。収容所に送られてからは、愛着があり骨身にしみこんだドイツ語であればこそ「収容所スラングを口にしようとすると、たいていの場合、全身が抵抗した」。収容所内で使用されていたドイツ語は、どれもこれも上品とは言えないものだったのである。

アメリーは個人的に彼に良くしてくれた少数者に言及しながらも、「ドイツ人全員の罪」を鋭く追及する。経済復興を成し遂げ、産業大国、軍事大国となったドイツに対して、そして自分たちこそが犠牲者であったと考えているドイツ人に対して、「ルサンチマンが目を覚ました」のだった。彼は「声高な和解の呼びかけ」を激しく拒んだ。そんなアメリーが、ドイツの新聞や放送局に招かれ意見を求められることもあった。「ドイツの人々に対して失礼千万なことを書いたり話したりして、それで謝礼をせしめている」。そのことも彼の気を重くさせた。「かつて私を非人間化したものが商品となった。それを私は売り歩く」。

レーヴィの場合は、ドイツ語に関して、アメリーとはかなり異なる態度を取った。化学の学位をもつレーヴィは、アウシュヴィッツに送られる前からドイツ語が多少でき、そのことが収容所を生き延びることに大いに役立ったと述べている。そして彼は解放後は、ドイツ語の習得にさらに力を入れ、ドイツ語と関わり続けていったのだ。ドイツ語を学ぶ者にはおなじみの語学学校「ゲーテ・インスティテュート」には五年間通ったという。そこでの教師たちや仕事上で知り合ったドイツ人とも良好な関係をもった。出版社の立てた企画ではあったが、ドイツ語で執筆したユダヤ系作家、フランツ・カフカの『審判』をイタリア語に翻訳したこともあった。自らを迫害した者の言語と、迫害から逃れた後も深く関わり続けていくという態度には驚きを禁じ得ないが、それもこれもドイツ人を理解したいという強い欲求からであった。

どうしてあのようなことが起こり得たのかということを理解するのは、レーヴィにとっての生涯の目的であり、そのためには何としてもドイツ人を理解したかったのである。「この混沌とした世界に何とか秩序を立て直し、自分自身そして他人にそれを説明しようとする大きな欲求」があったという。レーヴィは、ホロコーストに関する「ドイツ人の集団の罪」という問題について、「人間が現にある個人としてでなく、偶然で属しただけの集団のために裁かれることは、わからないし、耐えられない」と述べている。最終的に彼は、熟慮の結果として、「アウシュヴィッツが人間の手になるものであり、自分たちも人間であるということで、人間としての連帯責任」までも感じた。

アメリーは、レーヴィのそのような態度に関して――レーヴィによれば、それは不正確な言い方であるのだが――「簡単に赦してしまう人」と批判めいた言い方をしている。ドイツ語やドイツ人、ドイツという国家に対する態度において二人は非常に対照的であったと言えるが、両者ともに自らを苦しめた対象から生涯逃れることはできなかったのである。自らの著書がドイツ語に翻訳されることが決まったときにレーヴィは、「私は今まで知らなかった、激しい感情にとらわれるのを感じた。それは戦いに勝ったという感慨だった」と記しているように、レーヴィとドイツおよびドイツ人との間にあったのも、やはりアメリーと同じように、ある種の戦いであったのだろう。

5　アメリーの死

アメリーは、「解放されたときには、死ぬことについて考えることを強いられることなく、死ぬことに苦しめられることなく、死について考えることができるようになった」と言っている。これは、死が「日常的」であった絶滅収容所では不可能なことであった。一九七六年の著書『自らに手をくだし』で、自殺を「自由意志による死」として論じた彼は、一九七八年に、睡眠薬の過剰服用により自ら命を絶った。数々の酷い死に方を目撃し、「いかに死ぬか」という問題に直面し続けた彼は、押し付けられた死と自ら死を選ぶことの間に重大な差異を見出したのかもしれない。「自分は時がたつと癒える傷を受けたのではなかった。時とともに深まるひそかな病を病んでいるのである」と記したアメリーであるが、その病からの突破口をついに見出すことはできなかったのだろうか。

レーヴィはアメリーの自殺を受けて、「アウシュヴィッツの知識人」というタイトルで論考を寄せている。二人は、同じ時期にアウシュヴィッツにいたこともあり、実際に会うことはなかったが、お互いの著作でそれぞれを認め合い、何度か手紙のやり取りをした仲だった。その文章からはレーヴィ自身も自殺を選ぶかのような素振りは認められない。しかし、アメリーの死から九年後にレーヴィも――事故だったという見解もあるが――自宅アパートの玄関ホールに飛び降り、自殺したのであった。

おわりに

アメリーが、ドイツ国民に対して「あの一二年間の責任を担い続けるべきである」と厳しく断罪し続けた一方で、レーヴィは、「ドイツ人の集団の罪」という問題については、「個人としてでなく、偶然で属しただけの集団のために裁かれることは、わからないし、耐えられない」と述べた。このようなレーヴィの態度は、人間を所属する集団で分類し絶滅させようとしたナチに対する反論とも受け取れるのではないだろうか。一方、あくまでドイツ人という枠組みにこだわり、限界を知りながらも抵抗を貫いたアメリーの態度もまたナチに対する一つの応答である。

自分自身のアイデンティティ、すなわち「自分自身は何者であるのか」という問いに関して、社会のマジョリティに属する人々はそれに直面することなく過ごしていることが多いであろう。本稿が、同化ユダヤ人の例に限らず、植民地主義によりアイデンティティを奪われた人々や、何らかの外的な理由によって自らが属していた共同体から離れることを余儀なくされた人々らのことに関しても目を向けていくための、一つのきっかけとなればと考えている。

参考文献

アメリー、ジャン（一九八四）『罪と罰の彼岸』（池内紀訳）、法政大学出版局。

アメリー、ジャン（一九八七）『自らに手をくだし――自死について』（大河内了義訳）、法政大学出版局。

レーヴィ、プリーモ（一九八〇）『アウシュヴィッツは終わらない――あるイタリア人生存者の考察』（竹山博英訳）、朝日新聞社。

レーヴィ、プリーモ（二〇〇〇）『溺れるものと救われるもの』（竹山博英訳）、朝日新聞社。

レーヴィ、プリーモ（二〇〇二）『プリーモ・レーヴィは語る――言葉・記憶・希望』（多木陽介訳）、青土社。

＊本章内容で取り上げた、ジャン・アメリーの著作に関しては、原典にあたりつつも、邦訳書の訳に大幅に依拠している。プリーモ・レーヴィの著作に関しては、全面的に邦訳書の訳に依拠している。引用に際しては、表記を一部変更させていただいた。

第5章　国民とその周縁——ドイツの集団的記憶のなかのドイツ系難民

川喜田　敦子

一般に個人がもつとされる「記憶」を集団もまたもつと論じたのはモーリス・アルヴァックスである。アルヴァックスによれば、集団のもつ記憶はその集団のアイデンティティを担保する機能を果たす。『記憶の場』を編んだピエール・ノラはこの集団的記憶の議論をさらに進め、集団が歴史にまつわる共通のシンボルを介して共通の記憶を分かち合い、共通のアイデンティティを確認するという現象について論じている。この文脈でノラが関心を寄せたのが、近代国民国家における共通の記憶を媒介とした国民統合という現象である。

記憶を共有する集団としての国民とは何だろうか。筆者はこれまで、第二次世界大戦後に東欧から強制的に移住させられたドイツ系難民について研究してきた。居住地を追われた後、彼らはドイツ系であることをもって戦後ドイツにドイツ国民として受け入れられるが、難民である彼らは国民という集団の周縁に位置する存在だった。本章では、このドイツ系難民に注目して彼らの個人の体験と戦後ドイツの集団的記憶の相克の様相について検討し、周縁に位置する者に着目することで記憶を共有する集団としての国民とその境界について考えてみたい。

1　ドイツ系住民の東欧からの「追放」

第二次世界大戦後、一九四五年夏のポツダム会談で、大戦前のドイツ領の四分の一にあたるオーダー＝ナイセ川以東のドイツ東部領を割譲して暫定的にソ連およびポーランドの統治下に置くことと並んで、東欧諸国に残留するドイツ系住民の大量移住を行なうことが決定された。この移住措置の対象となり、難民として戦後ドイツの領域に流入したドイツ系住民は一二〇〇万人にのぼった。この強制移住はドイツでは「追放」と呼ばれ、このときに発生した難民は「被追放民（追放された人びと）」と呼ばれる。

二度の世界大戦に負けた結果、ドイツは領土を失い、小さくなった。第二次世界大戦後、これほどの規模のドイツ系難民が発生することになった理由は、東欧に残るドイツ系住民が将来的に再び民族問題を引き起こすことを防ぐという連合国の意向に基づき、そうしたかつてドイツ領だった地域に住む者も土地を離れることを迫られたためである。一方、古くは中世以来の植民活動により、ドイツ系住民の居住地域は、北はソ連、バルト海沿岸から南は南東欧にいたるまで各地に点在していた。とくにこれらの地域に何世代にもわたって居住していた人びとにとっては、ドイツは見知らぬ国、見知らぬ土地だった。ナチ・ドイツから受けた侵略と苛酷な占領支配のために激しい反ドイツ感情が渦まくなか、彼らもまた居住地を追われることになった。

一二〇〇万という数は、東西含めた戦後ドイツの全人口の四分の一から五分の一にあたる。強制移住の大きな波は五〇年代初頭まで続いたが、この大量の難民を統合することは、敗戦で荒廃した戦後ドイツに

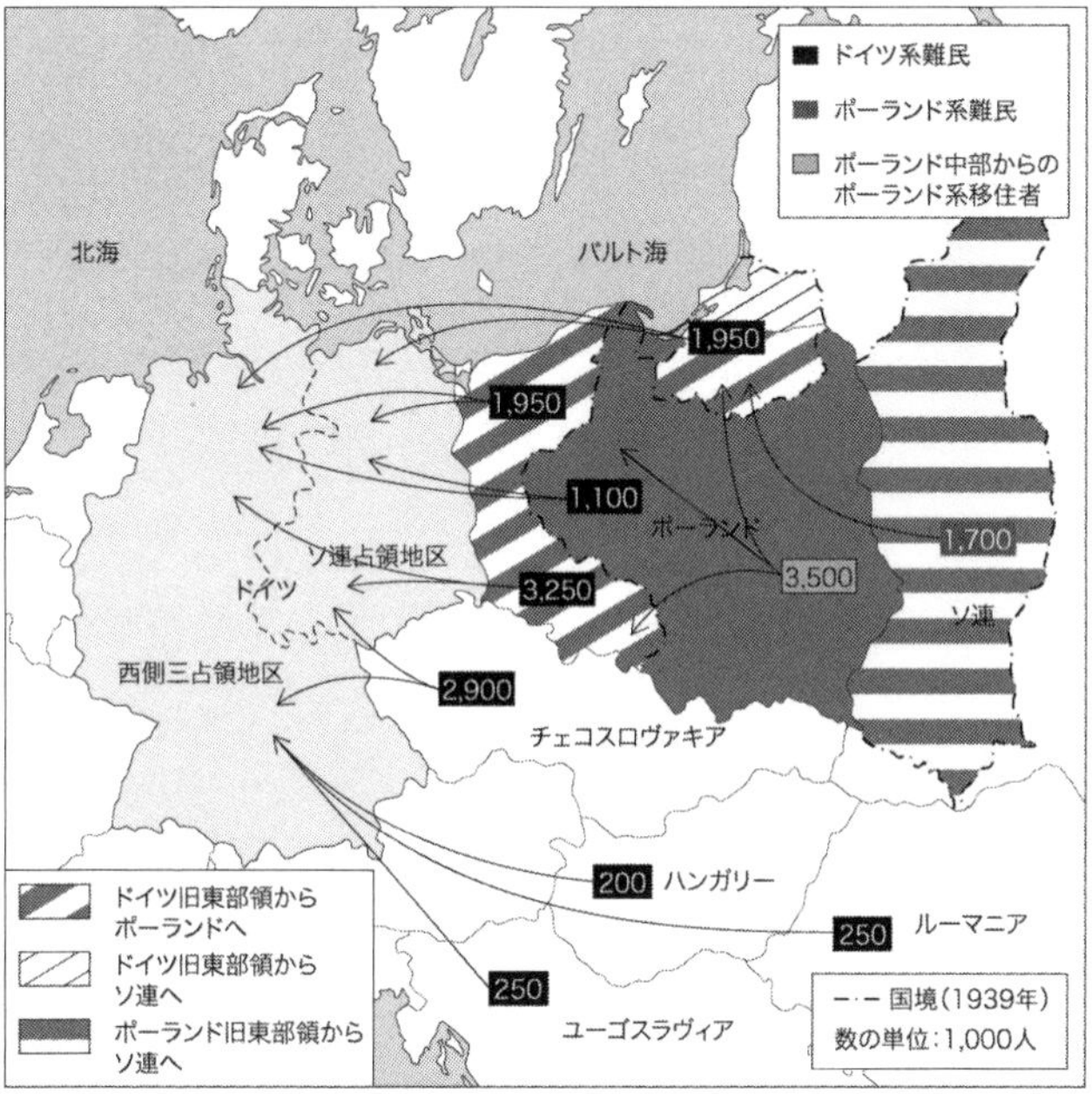

ドイツ系住民の「追放」1944–1948年

（出典：*Der Spiegel*）

とって大きな課題となった。

2 「追放」と戦後ドイツの国籍規定

この「追放」を経験したがために、西ドイツは独特の国民規定をもつことになった。東西分断の結果として存在する暫定国家であることを強く意識していた西ドイツでは、正式な憲法は統一後に定めることとし、憲法に代わる基本法規として一九四九年に「基本法」が制定された。その第一一六（c）条に、ドイツ国籍者に加えて、ドイツ民族に属する被追放民もまた、基本法上、ドイツ人とみなすと定めた規定がある。東西ドイツに流入した一二〇〇万人の被追放民のうち、西ドイツが迎え入れたのは約八〇〇万人だったが、そのうち割譲されたドイツ旧東部領の出身者は五割強であり、その他はチェコスロヴァキア、ポーランド、ソ連、ハンガリー、ルーマニア、ユーゴスラヴィア、ブルガリアなど、多岐にわたる地域から流入した人びとだった。そのなかにはドイツ国籍をもたない者も含まれていたが、この基本法第一一六（c）条の規定をもって、被追放民は仮にドイツ国籍非保持者であったとしても、被追放民としての証明書を得ると同時に自動的にドイツ国籍を取得し、各種の統合援助措置を受けることが可能になった。

西ドイツで被追放民の扱いを包括的に規定したのは五三年に施行された連邦被追放民法である。このなかでは、いわゆる一般的な意味での「追放」は五二年末をもって終了したとされたが、その後も西ドイツは、東欧から流れ込むドイツ系の人びとにこの法律を適用し、彼らを長期にわたってドイツ国民として受け入れ続けた。それはたとえば、ポーランドに残留したドイツ系住民である。ポーランドは国内に残留した少数のドイツ系住民に対して同化(ポーランド化)政策を行ない、その後はドイツ系住民の存在を否定するようになっていたが、七〇年代以降、西ドイツ＝ポーランド間で合意がなされ、その後、西ドイツではポーランドから出国してくるドイツ系住民の受け入れが細々と続いた。

西ドイツでは彼らは「帰還移住者」と呼ばれたが、法的には、帰還移住者は被追放民の下位カテゴリーであり、被追放民と同様に国籍を付与され、同様の援助を享受した。この背後にあったのは、同化政策の影響を重大なものとみなし、東欧ではドイツ系少数民族に対する迫害が続いているとする認識である。つまり西ドイツは、法規定上の「追放」は五〇年代初頭をもって終わったとはいえ、帰還移住者も多かれ少なかれ迫害され、追放されてドイツに逃れて来ているのだという認識に立っていたことになる。国内で帰還移住者の利益を代弁したのは、西ドイツで結成され、六〇年代から右傾化傾向を強めていった「追放」の被害者団体だった。この団体は東欧でのドイツ系少数民族の抑圧というテーマをポーランドの共産主義政権への批判点の一つとして利用しつつ、帰還移住者の西ドイツへの受け入れを要求していった。

ドイツ系であってもドイツ国籍をもたない被追放民に対して国籍を付与する第一一六(c)条の規

定が基本法のなかに置かれた時点では、西ドイツに非ドイツ系移民は事実上存在していなかった。しかし、「経済の奇跡」と呼ばれる経済復興を遂げた西ドイツでは、経済の目覚ましい回復にともなって五〇年代後半には労働力不足が生じたため、イタリア、ギリシア、スペイン、トルコ、ポルトガル、ユーゴスラヴィア等の各国と個別に協定を結び、外国人労働者の受け入れが始まった。西ドイツにおけるドイツ系と非ドイツ系の移住者に対する扱いの違いは、五〇年代後半から西ドイツが受け入れを始めたこの非ドイツ系外国人労働者に対する扱いをドイツ系帰還移住者に対するそれと比較すれば明らかである。西ドイツ政府は、外国人労働者はあくまでも一時的な滞在者であって定住することはないと繰り返し強調し続けた。流入するドイツ系帰還移住者は、ドイツ民族に帰属することをもってドイツ国民となることが初めから前提とされていたのに対して、非ドイツ系外国人労働者がドイツ国民となることは基本的に想定されていなかったのである。

基本法第一一六（c）条の規定は、ドイツ国籍をもたない被追放民の法的地位を早急に明確化しなくてはならないという緊急の必要に迫られて定められたそもそも過渡的な条項だった。それだけではなく、そもそも基本法自体、西ドイツはあくまでも暫定国家にすぎないという強い自覚に立脚して定められたものである。基本法の国民規定が二重の意味であくまでも暫定措置にすぎなかったことには十分に留意しなければならないとは、ロジャース・ブルーベイカーも指摘していることである。しかし、小規模とはいえ帰還移住者が持続的に流入する一方で、平均滞在期間の長期化や第二世代の出生数の増加など外国人労働者の定住化への兆候がみられ始めた七〇年代以降も、過渡的であったはずの規定が根本的に変更されることはなかった。ここからは、西ドイツで国民概念が血統主義的に理解されていたこと、またそこで第二次世界大戦の遺産と冷戦の文脈が大きな意味をもっていたことがうかがえる。

3　「追放」と暴力の記憶

戦後ドイツにおける国民の線引きにこのように強い影響を及ぼした「追放」だが、この「追放」という言葉は、ドイツ語では「（ハエを）おう、（害虫を）駆除する」といった意味あいをもつ。ポーランドでは単に「移住」と呼びならわされる第二次世界大戦後の強制移住を「追放」と呼び、その被害者を――法的には帰還移住者も含めて――「被追放民」と呼ぶことにこめられているのは、そういう扱いを受けたという被害感情であり、これは強制移住の過程での暴力の記憶を映し出している。

強制移住に関する連合国の取り決めがなされたのは一九四五年夏のポツダム会談だが、「追放」は、ポツダムでの合意の前にすでに始まっていた。同年五月のドイツの無条件降伏の後、東欧諸国では各地で現地の住民が、ドイツの占領支配に対する報復としてドイツ系住民を無差別に追放し始めた。大きな暴力をともなったのは、何といってもこの初期の「追放」である。財産を没収され、着のみ着のまままで追い出された人びとは、途中、さらに暴行や略奪の対象となり、女性に対する強姦も頻発した。疲労や飢餓のために衰弱・死亡する者も大量に出た。この実態に鑑みて、ポツダム協定には「いかなる移住も秩序だった人道的な方法で行なわれるべきである」との米英ソ三か国の合意が明記され、以降、強制移住は次第に秩序だった方法で行なわれるようになるが、とくにその初期の悲惨さのため、西ドイツでは「追放」はドイツ人が被った戦争被害の象徴のように扱われることになった。

西ドイツでは、五〇年代に連邦被追放民省が被追放民の証言を全五巻の証言記録集にまとめ、『中東欧からのドイツ人追放の記録』として刊行した。ポツダム会談で合意された暫定国境（オーダー・ナイセ線）を不服とする西ドイツは、人道的移住を明記したポツダム協定に反して「追放」が非人道的に行なわれたことを立証すれば、講和会議で改めて国境問題について交渉するときに有利に運べると考えてこの証言記録集の編纂プロジェクトを進めた。また、この目的に鑑みて、証言収集にあたっては残虐かつ残酷な事例の収集に力が入れられた。同時にここには、冷戦下の東西体制間対立を背景として、「追放」を共産主義の蛮行として描こうとする反共意識も強くうかがえる。この国家プロジェクトを通じて「人道にもとる追放」の記憶が再構成され、「追放」とそれにともなう暴力の記憶が西ドイツの集団的記憶に組み込まれていくことになった。

こうした被害の記憶を背景に、西ドイツ国内で、失った東部領の返還を要求する急先鋒となったのは、「追放」の被害者団体だった。この組織は、初期の段階では被追放民に対する経済援助や補償を政府に要求する圧力団体としての役割を果たしていたが、時の経過とともに被追放民が社会的・経済的に統合され、その領域での活動の必要性が失われるにつれて、次第に国境問題や反共に関わるテーマへと活動の重点を移していった。先に触れた、反共の文脈での帰還移住者の受け入れ要求もそうしたなかで浮上したテーマの一つである。

4　消える国民内部の対立の記憶

さて、「追放」と暴力の記憶が戦後ドイツの集団的記憶に組み込まれたことは、それを経験した被追放民が、ドイツ国籍を与えられて法的に「ドイツ人」になったということを超えて、歴史的経験とアイデンティティの共有という意味でも国民という共同体に組み込まれたことを意味するのだろうか。改めて彼らの実生活をみると、難民の受け入れ先となった地域では、地元の住民と被追放民のあいだに実に多くの問題が生じていたことが分かる。

地元住民からよく聞かれた不満は、難民はおよそ怠け者で仕事をまったく手伝おうとしない、ゆきすぎた要求をして感謝の意を示さない、自分のものと他人のものの区別がつかない、不潔で無秩序でおよそ文化的でない、などである。被追放民に対するこうした反応は、よそ者に対してはよくある偏見であり、その理由は単に、彼らが「よそ者」であって「われわれ」とは違うという点にある。宗派であれ、言語であれ、生活習慣であれ、文化であれ、彼らが「違う」ということは、日常の共同生活から生じる全ての緊張関係と摩擦を説明するために引き合いに出された。

とくに指摘しておくべきは、被追放民に対する人種主義的な偏見であろう。当時は、ナチ時代にポーランド人に向けられた偏見がまだ記憶に新しかったこともあり、東部出身の被追放民に対して「ポーランド野郎」という言葉が投げつけられ、それがまた大いなる侮辱として被追放民に受け止められるといった状況がしばしばみられた。また、「難民が流入し［……］、異なる血が混じることによって、われわれの本来の民族性が失われる危険がある」といった主張がされることもあった。被追放民の流入によって、自分たちの地域のドイツ性が失われるという議論は、シュレースヴィヒ・ホルシュタイン州、バイエルン州のように被追放民が多く流入した州では、難民の州外への再移住措置を促進する論理ともなっていた。これらは、人種主義的な発想の影響が戦後初期にまだいかに大きかったかを物語ると同時に、国籍規定上はドイツ人とされたはずの被追放民が、自治体レベルの具体的な政策の現場と日常生活においてはいかに異質な、非ドイツ的な存在として受け止められていたかをよく示すものである。

こうした緊張関係は、滞在の長期化とともに新しい人的関係が築かれるにつれて緩やかに解消していくが、通常は沈静化している摩擦が何らかのきっかけによって先鋭化することもあり、心情的な意味での統合は長期的なプロセスをたどった。ニーダーザクセン州のとある農村に住み着き、土地の女性と結婚したある被追放民の男性はインタビューに答えて、一九六〇年代以降、非ドイツ系の外国人労働者が入ってきたことによって、被追放民に対して人種主義的な偏見が向けられることはなくなっていったと回想している。さらなる他者が流入してくることによってはじめて、地元の住民と被追放民は同じ側に立ち、新参者に対して共同戦線を張ることになったのである。

被追放民の統合が一定程度進んだ後に新参者として流入したという点では、ドイツ系の帰還移住者も同じである。その意味では、被追放民と帰還移住者の関係も決して単純ではなかった。たとえば、流入した被追放民が人口の多くを占める難民入植地として知られるノルトライン・ヴェストファーレン州の町エスペルカンプには、七〇年代以降に帰還移住者が流入するようになった。町の住民たちは、かつて同じ苦労をした者として帰還移住者を積極的に受け入れていこうとする一方で、内に対しては、戦後初期に類似の運命にさらされた、類似の社会階層の、比較的均質な住民によって構成される町の結束を帰還移住者が乱すことを恐れ、外に対しては、被追放民の町として近隣の町に住む地元の住民から特別視されているエスペルカンプがますます周囲から孤立することを恐れたという。

興味深いのは、こうした対立や留保の経験がほとんど語られずにきたことである。無論、被追放民の労苦の体験が集団的記憶に取り込まれていないわけではない。戦後ドイツの歴史を扱う歴史博物館「歴史の家」（在ボン）の常設展示はこの「追放」とその後の苦労体験から始まる。しかし、それは経済的な意味での困窮に終始し、しかもその後に続く輝かしい統合の成功と、被追放民の存在がなければなしえなかったとされる「奇跡」といわれた戦後復興を前提とした戦後ドイツの成功の物語に回収されてしまっている。

5　今日のドイツで

冷戦下の政治状況に規定され、「追放」とそれにともなう暴力の記憶が戦後ドイツの集団的記憶のなかに確固たる位置を占めるようになる一方、地元住民と被追放民の対立の経験や、そこで「いつまでも外国人のよう……」と感じていた当時の被追放民たちの肉声は埋もれていった。そのなかで、暴力の記憶を利用し、国境問題を中心に活発な政治活動を繰り広げた「追放」の被害者団体が西ドイツ国内で被追放民を代表する声として認識されるようになると、実際には大多数を占める、組織に属さない被追放民の存在は忘れ去られ、「急進的な被追放民」という虚像が生み出されていった。この団体は、被追放民の多くが統合され、組織を必要としなくなるにしたがって残された少数の勢力が右傾化を強めるというかたちで、影響力の低下とそれにともなう政治的急進化を繰り返してきた。現在では被追放民の団体は極右組織の一つと目されている。その意味では、被追放民と組織が同一視されることから生じた被追放民の忘却と虚像化は、組織の右傾化とともに虚像としての被追放民の存在さえもが最終的に西ドイツ国内で周縁化されていくプロセスの前段階だったといえる。

エティエンヌ・フランソワとハーゲン・シュルツェによって編まれた『ドイツの記憶の場』には「追放」を扱った章があり、そこでは、戦後ドイツの集団的記憶のなかで「追放」ほど大きな位置を占めるものはないと書かれている。しかし、「追放」の記憶がそれを経験していない者たちに共有され、ドイツ国民としてのアイデンティティを担保する集団的記憶に組み入れられていくプロセスは、「追放」を実際に経験した当事者としての被追放民の声が埋もれ、存在が虚像化し、周縁化されていくプロセスと背中合わせに進んだという、皮肉な構造がそこにあったことは指摘しておかなければならない。

地元住民、被追放民、帰還移住者、さらには非ドイツ系移民も含めて多様な社会集団からなる戦後ドイツは、実際には、それぞれの集団が相互に対立し、競合し、手を結ぶとともに、それぞれの集団内部にも亀裂のはしる複雑な構図をもつ社会だった。とくに、ドイツ統一前後に急速に加速化した外部からの流入者の増加は、この状況に拍車をかけた。東欧の体制変動の余波で、総計二五〇万人にもおよぶ帰還移住者が旧ソ連、東欧圏から統一ドイツに殺到するにいたってドイツ系帰還移住者に対する援助政策は縮小され始め、一九九九年の国籍法改正に続く二〇〇五年の移住法で（後期）帰還移住者の優遇措置もなくなった。これによりドイツは、ドイツ系移住者の優遇と非ドイツ系移住者の制限という明らかな不均衡に修正を加え、非ドイツ系移民をもドイツ国民として受け入れる用意があることを明確にしたことになる。現在もまだ、「ドイツ人のなかでドイツ人として暮らす」ために移住して来たのだと解釈されうる帰還移住者に比べると、「ドイツにやって来て経済的によい思いをしておきながら、ドイツの価値観にはなじまず、トルコにいるときと同じように暮らそうとしている」といった色眼鏡でみられるトルコ人労働者への風当たりは強い。しかし、「土着の外国人、外国のドイツ人」と評されることもあるように、国籍上は外国人であり、非ドイツ系であったとしてもドイツにすでに長く暮らす外国人労働者は、ドイツに到着したばかりで、「ドイツ語を解さない」として半ば外国人扱いされることも多い帰還移住者と比べて感覚としてははるかに「ドイツ人」に近く、帰還移住者への態度もときとして「ドイツ人」のそれとまったく重なる。しかしまた一方で、一九九〇年代以降に多発するようになった極右による外国人襲撃事件では、ドイツに長く暮らし、国籍も取得したアフリカ系ドイツ人が、ただ肌の色のためだけに「外国人」として暴行されるといった事件も起こっている。

国民とは誰のことか。本章では、国民の周縁を形成する人びとについて、その体験が国民の集団的記憶の中核に取り込まれることによって、実態としての彼らの存在が逆に忘却され、周縁化され、またときに排除される様相をみてきた。誰が内で、誰が外か。その境界は、法、実生活、集団的記憶など、様ざまな領域でそれぞれに引かれうる。また、それぞれの領域ごとに受け入れられたり排除されたりする周縁部に位置する諸集団のあいだにも様ざまな緊張関係が存在する。現在、ヨーロッパでは移民との共生が大きな課題となっており、ドイツもその例外ではない。そこでは、宗教的・文化的相違から来る統合の困難さがしきりに強調され、移民が受け入れ社会の文化と価値観を尊重することの必要性が強くいわれる。しかし、「ドイツ人」の統合プロセスであったとして、今日では経済的な意味での困難さしか顧みられることのない被追放民の統合もまた、実際には多くの文化的・心理的摩擦と苦難をともなった双方向的な社会変容と統合のプロセスだった。冷戦下で集団的記憶から捨象されていったこのプロセスを改めて想起し、過去と現在の国民の線引きについて批判的に再検討することに今日的な意味があると考えられる所以である。

参考文献

アルヴァックス、モーリス（一九八九）『集合的記憶』（小関藤一郎訳）、行路社。

ブルーベイカー、ロジャース（二〇〇五）『フランスとドイツの国籍とネーション　国籍形成の比較歴史社会学』佐藤成基・佐々木てる監訳）、明石書店。

広渡清吾（一九九六）『統一ドイツの法変動　統一の一つの決算』、有信堂高文社。

川喜田敦子（二〇〇五）『ドイツの歴史教育』白水社。

近藤潤三（二〇〇二）『統一ドイツの外国人問題　外来民問題の文脈で』木鐸社。

ノラ、ピエール編（二〇〇二〜二〇〇三）『記憶の場　フランス国民意識の文化＝社会史』（全三冊、谷川稔監訳）、岩波書店。

佐藤成基（二〇〇八）『ナショナル・アイデンティティと領土　戦後ドイツの東方国境をめぐる論争』新曜社。

第6章　黄緑色のフェンスの向こうに
——台湾における軍人村＝眷村《けんそん》をめぐって

白　佐立

はじめに

台湾の街を歩くと、黄緑色のフェンスに囲まれた、建設中または開発待ちの広い敷地によく出会う。「本敷地は国軍眷地《けんち》であり、国有財産です。許可なく使用することを禁じます。不法占拠の場合は、裁判所に提訴します」というフェンスの上でよく見られる警告は、この敷地が国家の大切な所有地であることを示している。しかし、いざ敷地の中を覗いてみると、多くの場合、完全な空き地であるか、かなり崩れて人も住んでいない住宅が並んでいるだけである。

飽和状態に近い都市に、このような広大な敷地が散在している状況には違和感を覚えるが、そもそも「国軍眷地」とは、一般に「眷村（軍人村）」と呼ばれる、国民党政府に属する軍人とその家族が暮らす場所であった。彼らのほとんどは日本の植民地支配以後に中国大陸からやって来た人々であり、「外省人《がいしょうじん》」と呼ばれてきた。一方、約四〇〇年前から台湾に住む人々は「本省人《ほんしょうじん》」と呼ばれ、外省人たちに先行して台湾に住んでいた。つまり、眷村跡地を取り巻く黄緑色のフェンスは、単に侵入を禁止する物理的な境界線であるだけではなく、眷村が造られた当時に成立した、外省人と本省人という台湾における二つの社会的集団を区分する境界線としての意味を持つ。以下では、境界としての「フェンス」の意味を歴史的、空間的に読み解くことによって、二〇世紀半ばの東アジアの大きな政治的変動が、台湾の都市や住まいといった、人々の生活環境の中にまで境界線を引き込んだメカニズムを考察したい。

1　政治的境界線の形成

一九四五年八月一五日の日本の敗戦という政治的変動によって、東アジアの地図に新たな国境が引かれた。五〇年もの日本による植民地統治を経た台湾は、「カイロ宣言」と「ポツダム宣言」の協定に従って、当時の国際社会で「正統」な「中国」と認知されていた中華民国国民党・蒋介石政府に返還された。

しかし、終戦直前の中国大陸内部の事情は複雑で、少なくとも四つの政治勢力が存在していた。長江上流の大都市・重慶《じゅうけい》に拠点を置く中華民国国民党、黄土高原にある都市・延安《えんあん》に拠点を置く中国共産党、日本帝国の傀儡「南京政府」と「満洲国」である。後者の二つは終戦とともに崩壊し、前者の二つは一九四六年に内戦を再開した。そして一九四九年には国民党政府は劣勢に陥り、同年一〇月一日に北京・天安門広場で共産党の毛沢東によって中華人民共和国政府の樹立宣言がなされると、一二月初旬には国民党政府は全面的に台湾へ移った。こうして海を渡って台湾にやって来た人は、一九五五年までの間に、合計百万人を越えると言われる。本省人と外省人という先述の二つの社会集団は、このようにして形成されたのであった。

2　意識の境界線の形成

筆者は、数年前に本省人に対して眷村の印

写真1　旧日本海軍第六燃油工場を増改築した忠貞新村の一部
（筆者撮影）

正面の家屋の奥に見える構造物は燃油工場の跡。
その他の建物は軍人と家族の住居。

象を尋ねたことがある。返ってきた答えの多くは、「眷村の住人は国民党とのつながりを背景にした政治的特権を持っていて、みんなで決めた法律を守らず、違法増築がひどい」、「彼らは、選挙のとき、絶対国民党の立候補者に投票するでしょ」、「眷村に住んでいる外省人は団結していて、あまり外と交流しない」、「眷村の中は汚いし、ゴチャゴチャしていて、都会として好ましい状態の場所じゃない」といったコメントだった。本省人が外省人に対して、眷村＝「特権」「孤立」「雑然」というイメージを抱いているのは、次のような歴史的に形成された原因が考えられる。

一つは、先のような政治的な大変動を経験したことである。終戦後、本省人の多くは、占領者であった大日本帝国から台湾が「祖国」に再び帰属したからには、ようやく自らの運命を自らの手で決めることができると思っていた。しかし、本省人のこの夢は、外からやってきた国民党の独裁統治、インフレによる経済状況の悪化、外省人を主な構成員とした国民党政府武装部隊による本省人への弾圧事件（二・二八事件）などによって、砕かれてしまう。さらに、国民は、国民党の横暴なふるまいに対する不満や怒りを募らせていた。このような時代において、多くの軍人が住まう眷村は、支配者の権力、あるいはそれを象徴する場所へと読み替えられていったと考えられる。眷村に住む軍人たちのすべてが統治者として特権を持っていたわけではない。しかし、眷村の計画主体は国民党であったため、また、軍が国民党の統治に貢献していたため、眷村の住民全員が一括りに特権者として見られてしまうことが、ままあったのである。

本省人が外省人に対して向けた、「自らとは異なる者たち」という差異のまなざしを補完したと思われるア・プリオリな制約もあった。例えば、終戦後に新たにやって来た移住者は、一律に外省人と呼ばれはしたが、個別に見れば大陸の様々な場所からやって来ていた。そのため、彼らの多くは自らの出身地の言葉は話せても、台湾で使われている福佬語《ホーロー》や客家語《ハッカ》、日本語を話すことができず、本省人とのコミュニケーションは難しかった。外省人同士でも、お互いの出身地が異なれば、意思の疎通すら困難だった。政治的な変動を原因とする外省人と本省人の区別の間の線引きにかかえて、彼らの間の出自の違いに基づくコミュニケーションの難しさ、あるいは不足が、外省人をさらに孤立させる条件となったことは間違いないだろう。

また、外省人たち個々人の初期の経済的困難と居住状況にも原因があると思われる。彼らは、慌ただしい政局の下で限られた財産しか台湾に持ってくることはできなかったし、多くは大陸本土の田舎出身の孤独な軍人として、動乱の時代の中で国民党の方針に従うことを余儀なくされた者たちであった。統治層エリートは別にして、大多数の外省人は難民同然に台湾に流入したという側面があったのである。では、そうした経済状況は台湾定住時にいかなる空間的な結果を導いたのか。筆者が新竹市を例にして調査したところによれば、**図1**で示されるように、彼らは初め、鉄道線路脇、公園の隅、日本が残していった墓地など、台湾の都市にあった空き地に簡単な小屋を建てて住み着いた。また国民党に接収された学校や工場など、本来は居住施設ではない大型建築を臨時の住居とした者も多かっ

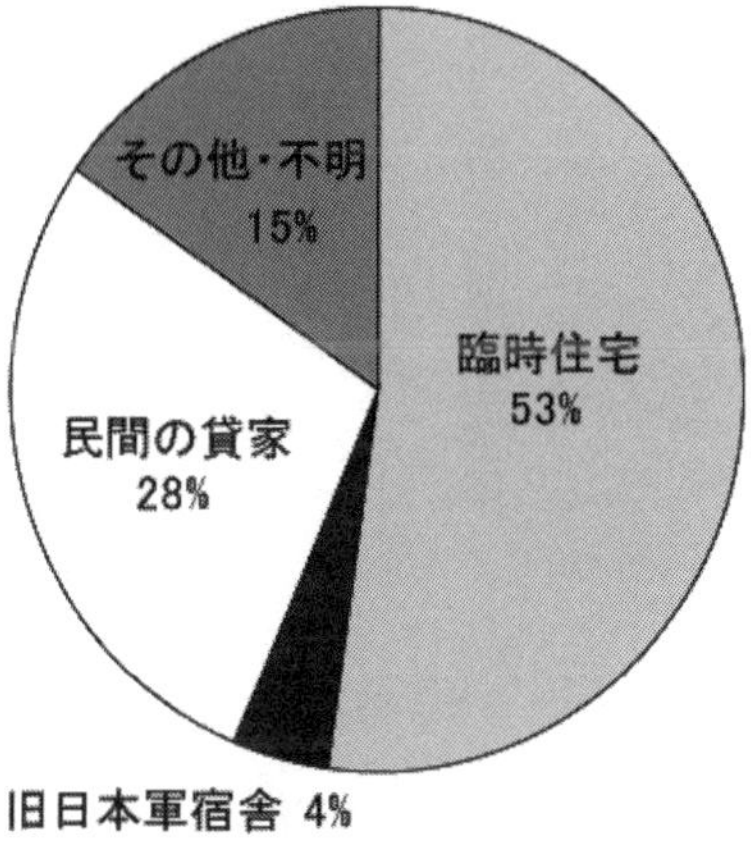

臨時住宅＝小学校、寺、倉庫、工場などの建物を用いて共同生活をしたり、墓地、鉄道沿い、農地などの空き地に簡単な小屋を建てて住居とした。

旧日本軍宿舎＝眷村を編成する前の旧日本軍兵営・兵舎を住居としたもの。

民間の借家＝本島人の住居から一室を借りたもの。

図1　眷村に入る前の外省人の居住場所住

（新竹市政府（1977）『新竹眷村田野調査報告書』新竹市文化中心および現地フィールドワークをもとに作成）

た。このような外省人の「無計画」な住まい方は、台北などで、近代的計画都市がいかなるものかを都市経験として持っている本省人にとっては、空間的に雑然としたものとして感じられたことであろう。「都会にあるべき状態の場所じゃない」という言葉は、眷村が近代的に整備された「特権」的な都市に位置しながら、「雑然」としていることへの無意識の反発とも考えられる。

日本人の引き揚げと国民党の流入という動乱の中で、日本、台湾、中国大陸の間に、それまでとは異なる政治的境界線＝国境線が形成された。そのような時代に台湾にやって来た外省人の住まう眷村は、空間的に他とは異なる場所として、もっと言えば都市の中の孤立した存在として、本省人の目に映ることとなったのである。新たな国境線に囲まれて一体化したはずの台湾の中にあって、さらなる境界線が人々の間に生じた、と言い換えてもいいだろう。しかし眷村を異なるものと認識する、この種のイメージは、すでに述べたように政治的・経済的な観点から生まれた側面が強く、一面的である。次節以下では、外省人の多くが集住する眷村の成立過程とその空間的分析を通して、そうしたイメージと物理的空間がいかに重なり、どのようにずれるのかを検証してみたい。

3　眷村の成立過程

台湾に移った国民党政府は、台湾を堅固な「反共の基地」とするために軍備を充実させつつ、様々な建築・土木活動を含んだ政策を実施して、都市基盤の整備を始めた。その中で直面した課題の一つが政府軍の住宅問題だった。中国大陸から流入した外省人一〇〇万人のうち、約六〇万人は軍人とその家族である。その多くは貧しく、新たな移住者グループの最底辺を構成していたが、政府から見れば軍事・政治的に基盤となる人々でもあった。それゆえ国民党にとって、彼らの住宅問題を解決することは、台湾国内外での軍事的安定と、国民党政府自身の政治的基盤の確立のためにも、重要な課題であった。

そこで注目されたのが日本から接収した兵営・兵舎である。日本軍が引き揚げた後に空き家となっていたそれらの建物は、国民党政府の軍人たちに分配されることとなった。例えば、単身の兵士は日本軍が駐屯していた兵舎に住み、家族持ちの軍人は、その中にあった木造の一軒家を四から六等分して暮らすこととなった。また、軍用倉庫や工場にも兵士が入り、大空間の中に最低限の生活環境が整備された。しかしそれでも十分とは言い難く、政府が旧日本軍から接収・再分配した兵営・兵舎の多くは、短期間で飽和状況となっていった。

それに対する解決策として、一九五〇年に「國軍在台軍眷業物處理辨法」が施行される。政府はそこで、軍人家族の「集中居住、集中管理」の方針を打ち出し、駐屯地や軍用地の周辺に工兵を使って簡単な木造の長屋を建てることとした。そして彼らがすでに住んでいた旧日本軍兵営・兵舎をも合わせて再編しながら、「眷村」の建設を開始したのであった。法律が施行された当初、社会的に受容されていなかったこの眷村は、一九五六年に蒋介石の夫人・宋美齢が主催する「中華婦女反共抗俄聯合會(後の中華婦女反共聯合會)」の成立六周年目の記念大会において、民間の寄付による「軍眷住宅籌建運動」の呼びかけが起こると、社会的にも認知されていった。そして一九五七年から一九六七年まで一〇期に分けて大規模な眷村の建設が進んだのである。眷村の世帯主は軍人に限定されており、移住して来た六〇万人の軍人のうち約七三パーセントもの者が、眷村に居住することになった。

4　眷村の配置、空間構成

ここでまず、植民地時代からの軍事要地である新竹市を事例として、新竹市周辺の眷村の成立時の状況を見てみたい。

図3では現存する四六箇所の眷村のうち二五箇所が、旧日本軍用地や関連施設を拠点にしていることが読み取れる。筆者が分析した**図3**の地図では、四角は旧日本軍用地に基づいて建設された眷

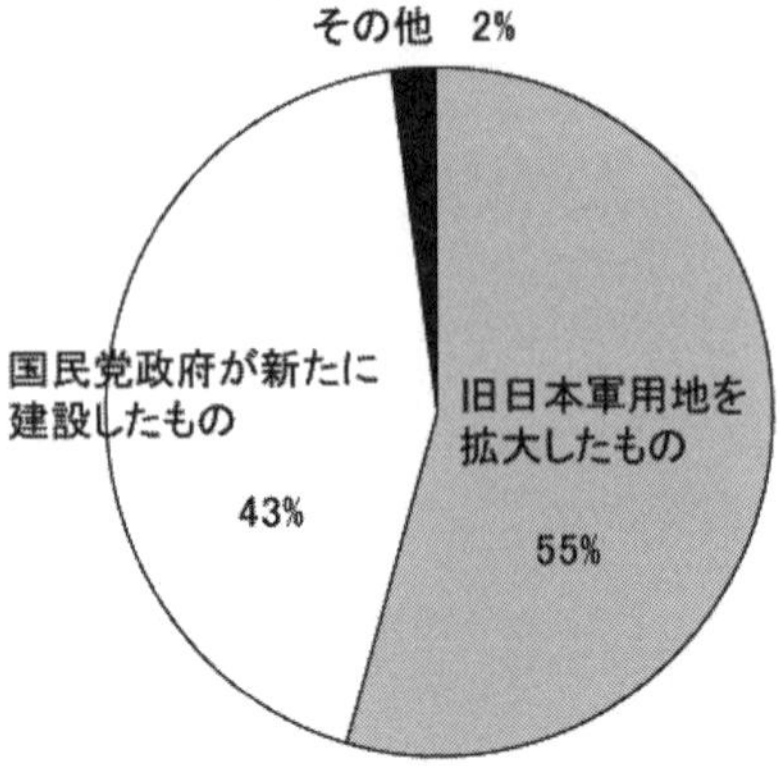

図2　眷村の建設のための用地の種類

（新竹市政府（1977）『新竹市眷村田野調査報告書』新竹市文化中心および現地フィールドワークをもとに筆者作成）

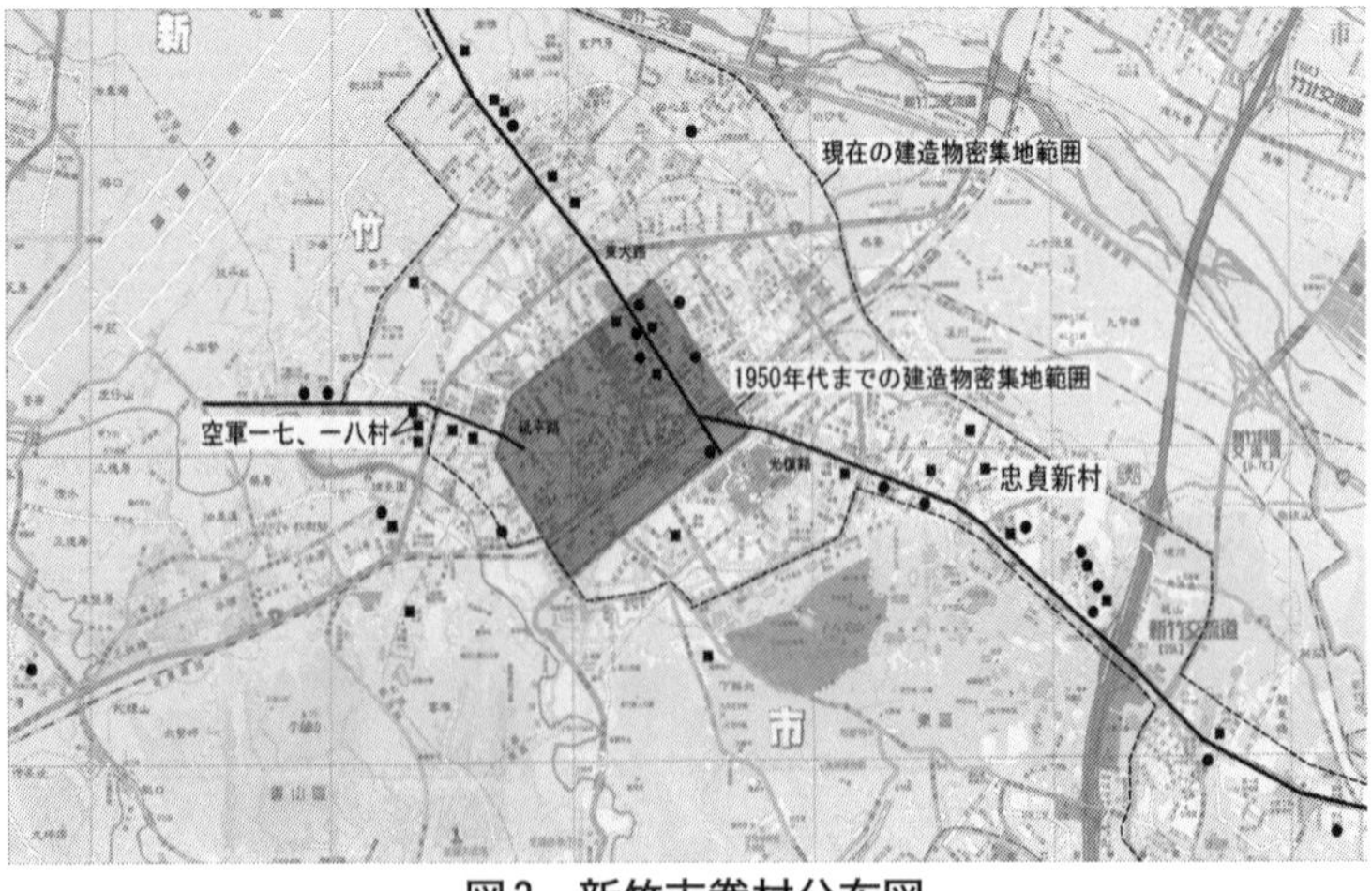

図3　新竹市眷村分布図

（金時代文化有限公司編（2006）「新竹市全図」『金時代文化』および現地フィールドワークをもとに筆者作成）

村であり、黒丸は国民党政府が新たに建設した眷村の位置を示す。

またグレーの網掛け部分は一九五〇年代までの都市の中心部で、点線で囲まれている部分は現在の中心部である。ここから新竹市における眷村は、中心部から郊外に延びる東大路、光復路、延平路の三本の道路沿いに集中していることが分かる。国民党政府とつながっているだけでなく、「都会にある」ことで「特権」イメージを重ねられることの多い眷村だが、当初はその半数以上が市の中心部からは離れていたことが分かる。これはむしろ、はじめは中心部にはなかった眷村が、都市の拡大、それも幹線道路に沿った拡大の中で、都市の中へと飲み込まれていったという逆転現象として読み解くべきである。しかもこれらの眷村同士は互いに若干離れて分布しており、個々の眷村は確かに周辺からは孤立している。都市と溶け合うほどではなく、かといって都市と対峙するでもないその分布の仕方は、都市に住まう者たちに、個々には孤立しながら全体としては都市に（しかも力を携えて）覆い被さっている印象を与えたと言ってもいい。

こうした空間的分析を踏まえると、本省人にとっての「特権」や「孤立」といったイメージ形成には、日本の植民地都市に建設された兵営・兵舎の分散配置が影響し、他方では台湾独立後に新竹市がそれらの場所を孤立させつつ、同時にそれらを都市の発展の中で内部化していった経緯が影響していると言えよう。そして、分散した眷村が、国民党の統治を支える軍という力の隠喩として本省人たちの目に映ったであろうことはすでに指摘したとおりである。

写真2　新竹市における空軍第一七村住居

正面奥の建物は旧日本軍倉庫、その他は住民による増築。

次に、新竹市内の延平路と経国路に挟まれている空軍第一七村、同一八村（以下一七、一八村）に焦点を絞り、実際の眷村の住環境と周辺環境を見てみたい。

一七、一八村は旧日本軍の倉庫と空軍飛行中隊長の宿舎を再編成したものである（**写真2**）。倉庫は一棟につき八世帯が入居する住宅として転用された。約一四四平方メートルの空間には、中央に廊下が配置し、それに沿って八等分された。その結果、一世帯あたりの占有面積は四坪（一三・二平方メートル）となった。

一方、宿舎は、住民が入居する時点ですでに数年も空き屋となっていたため、天井、床板などの部材がひどく損傷していたものの、高級材木である台湾檜で作られた柱や梁、小屋組などは残存していた。住民たちは、自ら材料を揃えて、建物を修理し、一棟に平均四世帯ないし五世帯が住む環境を整えた。倉庫（＝非住宅）を住宅（多世帯住宅）に、また一世帯住宅を多世帯住宅に転用したことから分かるように、住民たちは住宅として十分な機能が満たされていない環境で生活を始めたことがうかがえる。その後最低限の生活環境を確保するため、それぞれの住宅にトイレや浴室、台所などが徐々に造られていった。家族が増えるに従って、最初に軍から割り当てられた居室に隣接する空き地を利用して増築が進み、室数も増えた。生活のための住民自らによる増築の跡は、どこの眷村でも見ることができる。

これらの増築は、大陸から台湾へ移住して来た彼らが、家族で生き、家族を「構成」したことの空間的な歴史であり、一見「雑然」と見える住環境は、彼らの側から見れば決して無秩序なものではなく、その一つ一つに意味がある。

ところで、**図4**が示すように、一見してこの眷村には病院、学校、市場など、生活に必要な公共施設が欠けている。だとすれば住民は、これらを眷村以外の場所に求めたことになる。筆者の調査によれば、例えば生活物資を必要とした場合、眷村ができた当初は三〇分ほど歩いて市の中心部の市場に買い出しに行かなければならなかったという。その後、五〇年代後半になって、台湾の経済状況の好転とともに、眷村の管理人は本省人の物売りを誘致し、村の入り口付近に小型市場を設置した。外省人の住まいは、都市内において境界づけられた場所である眷村に固定されていたわけだが、実際には人々の生活は眷村内で完結できなかった。住居以外の施設を外部に必要としていたし、その施設を眷

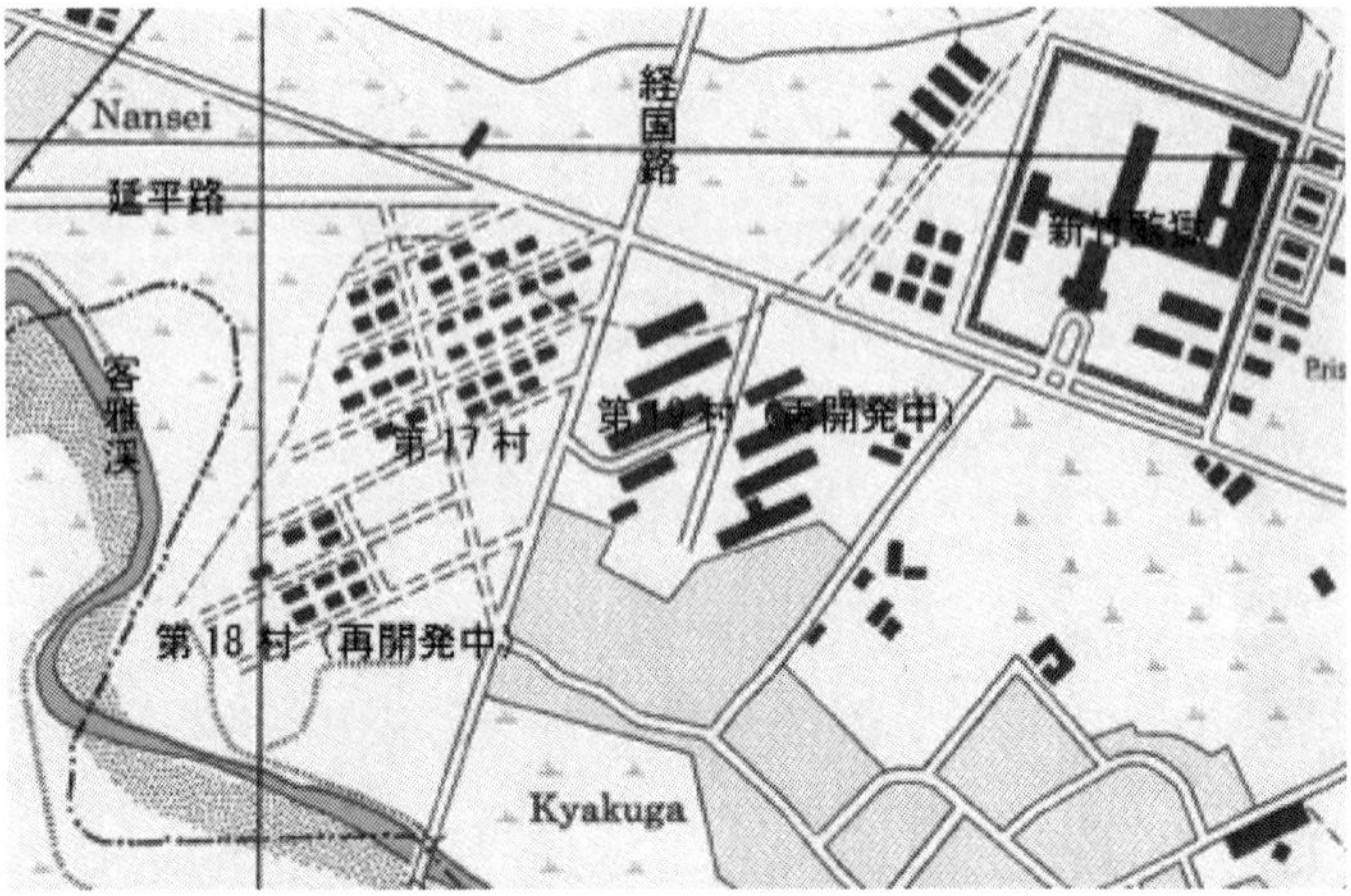

図4　新竹市における空軍第一七・一八村配置および周辺図

（The Army Map Service (AM), U.S. Army, 1945, SHINCHIKU FORMAOSA, Washington D.C., America Army）

村内に設置することで、眷村外の本省人の人々も生活レベルの相補関係を築いていた面があったのである。

次にもう少し解像度を上げて見てみたい。**図5**は、新竹市・忠貞新村の劉氏宅の平面図である。グレーに塗りつぶしてある部分は、軍から配給された当初の居室で、その規模は約三×四平方メートルである。入居当初、このわずかな面積の部屋に、夫婦二人と子供二人の家族四人が暮らしていた。その後、子供の成人、そして家族の増加のため、後ろ（図面下方向）に伸びていく形で増築を繰り返し、図のような間取りとなった。

ここで注目したいのが、「総鋪」という部分である。青井哲人ら（二〇〇八）によれば、総鋪は「房間（居室）内にしつらえた揚床」で、「その上に雑魚寝する」ためのものであり、これは本省人の住居が持つ特徴の一つである。その総鋪が、外省人の住居と認識されている眷村の住宅内に存在しているのである。設置の経緯を尋ねたところ、この総鋪は夫人の提案により造ったということであった。家族数が増えてきたために、台湾・嘉義市出身の夫人は、彼女の実家にあったのと同様に雑魚寝ができる総鋪を造ろうと言い出した。そして同じ眷村に住んでいる工兵経験を持つ夫の同僚に頼んで造ってもらったのである。外省人男性と本省人女性の結婚は、軍人の多い外省人たちにとっては珍しくないことであるが、そうした中で、生活の習慣的、身体的な行為を支えるしつらえもスルスルと眷村の中に入り込み、「雑然」とした構成の家の一部分となっている。本省人の生活道具も、「雑然」の一部となっているのである。軍人、すなわち外省人を世帯主とし、周辺とは政治的・空間的にある程度分かたれていても、逆に部分的でミクロなものであるからこそ、浸透しやすい空間があることがうかがえよう。

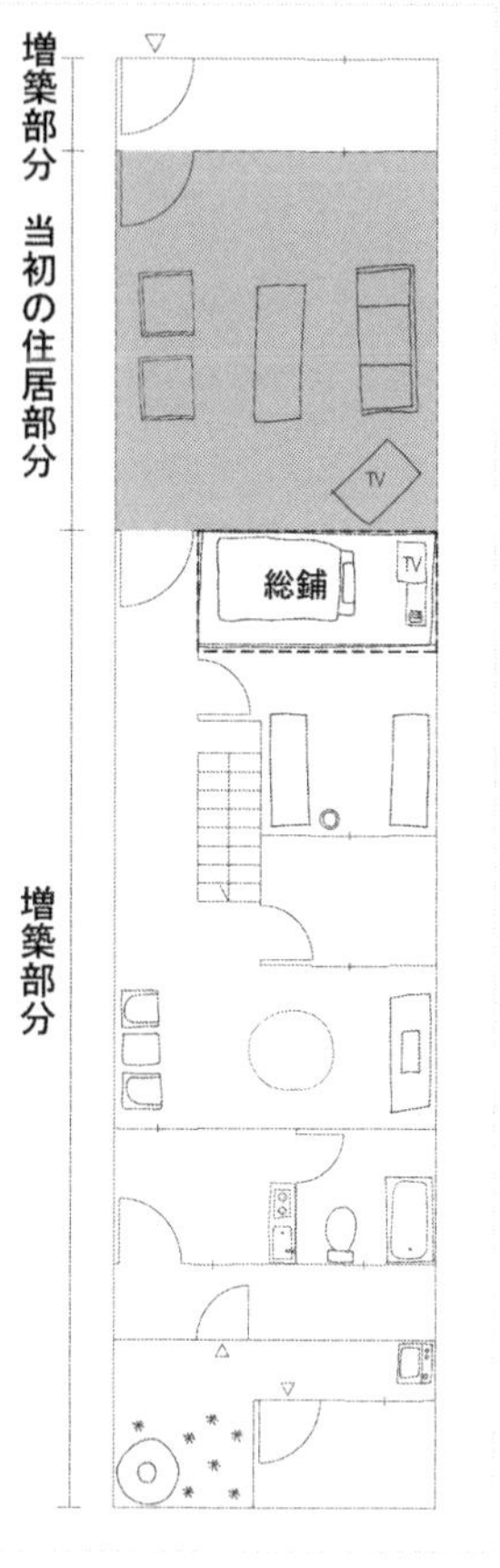

図5　劉氏宅平面図
（縮尺未計測、筆者作成）

5　眷村とその消失が指し示すもの

以上のように、旧日本軍の兵営・兵舎の配置に影響されながらも、独立後の台湾の発展によって都市が眷村を飲み込んだことで、台湾の都市は、言語的・習慣的・政治的・経済的に異なる外省人たちの多くを、都市内に空間的にも孤立させて抱え込むこととなった。そして、国民党政府とのつながりと都市内に存在することの特権性が外省人に重ねられながらも、同時にその住まいは雑然としたものとして本省人に見下されるものとなった。とはいえ、生活レベルでは、都市の本省人と外省人の間には一部は相補的な関係が生まれていたし、外省人の住まいの中にも本省人の習慣は入って来ていたのである。

これらの眷村は今後どうなっていくのだろうか。筆者の調べでは、例えば新竹市ではほとんどの眷村はすでに解体され、国営住宅あるいは高層マンションとして再開発されたり、民間に売却されてオフィスビルやショッピングモールとなった。他の都市でも類似の現象が起こっており、最終的に台湾の眷村は二〇一一年までにはほぼすべて解体されるという。そうなれば眷村の姿は台湾の都市の中から完全に消えてしまうであろう。

一方、最近では各社会集団を尊重する文化多元主義が注目される中で、かつて差別された眷村の存在も「台湾文化」の一部として認められつつあり、各地で眷村について説明・展示する博物館や文化村が設立されている。だが、眷村の消失や、逆にその「文化」的意味の認知の背後で、本章で述べた外省人に対する偏見も同時に消え去ったのかと言えばそうではなく、眷村に向けられた視線は、そのまま外省人たちに重ねられて現在も残っていることは否めない。つまり、モノは消えつつあるが、それを使用していた者たちに周囲から向けられる眼差しは未だ消えてはいない。同時に、台湾の統治に有効に機能したであろう軍の力、つまり武力が都市の中に散在していた、という本省人にとって「不当」であっただろう事実もまた、不当感そのものは薄まることがないまま、その形態的記憶のみが消失しつつある。それは、眷村と眷村に住まう外省人が、本省人たちに差別されながらも、同時に批判されるべき力を持つ者たちであったという、台湾が抱いた「ねじれ」を考察する場所が、眷村の消失とともに失われることを意味している。

だとすれば、眷村を文化的価値だけを残して消えていく存在としないためにも、次のような示唆をここでは読み取りたい。

一つは、境界を紡《つむ》ぐ行為が用意した無意識の姿勢である。例を挙げれば、先述した空軍第一七、一八村では、九〇年代後半に始まった新竹市再開発のため、一七、一八村に居住していた全住民は立ち退きを命じられた。だが、先述の市場はいまなお健在である。しかも、かつてこの眷村に住んでいた住民たちは、近隣の高層国営住宅に引っ越しているが、物売りたちとの付き合いが長いことから、今でも市場を訪ねてくる。本省人によって形成された市場が、眷村の境界が解体されて、都市に散っていった住民たちが再び集まるための、磁場となっているのである。この現象は、単に外省人、本省人といった区分けが機能していないことはもちろん、形態だけを追っても捉えられない人々の生活が育むつながりの強さを意味している。逆に言えば、都市と眷村という境界を越えて生活を支え合った人々の個別の小さな歴史が、経済性・利便性重視の現代社会の価値観に抗う一つの姿勢を自然に生み出したとも考えられる。

もう一つは、黄緑色のフェンスの向こうに広がる「雑然」の力である。空間的に堅固に隔てられているように見えた眷村の建物の中にも、「雑然」としているがゆえに、総鋪は入っていくことができた。政治的な見方を反映した外省人、本省人という大文字の境界を、人々の生活に根ざした小さな歴史的空間である総鋪が透過できたのは、それを取り入れた個別の小さな論理の集積としての「雑然」の力のおかげであり、また、総鋪の持つ身体的で小さな普遍性の力のためであろう。ここで人々は雑魚寝したいのだ。

境界は、こうした小さなものたち、あるいは「雑然」とした場所にとっては、あってないようなものであったのかもしれない。反対に、大きく、「美しい」場所こそが境界を生み出すのではないか、という問いかけは、少し言い過ぎであろうか。

参考文献

青井哲人ら（二〇〇八）「台湾漢人住居にみられる〈総舗 chóng-pho〉の調査研究――日本植民地以降の〈眠床〉‐〈和室〉の結合とそのゆらぎ――」『住宅総合研究財団研究論文集』二〇〇八年三月。

コルキュフ、ステファン（二〇〇八（原著二〇〇四））『台湾外省人の現在　変容する国家とそのアイデンティティ』（上水流久彦・西村一之訳）、風響社。

賴志彰・魏德文・高傳棋（二〇〇三）『竹塹古地圖調查研究』新竹市政府出版。

新竹市政府（一九九七）『新竹市眷村田野調查報告書』新竹市立文化中心。

臺灣省文獻委員會編（一九九七）『新竹市鄉土史料』耆老口述歷史叢書（十五）。

若林正丈（二〇〇八）『台湾の政治　中華民国台湾化の戦後史』東京大学出版会。

＊本研究は、富士ゼロックス・小林節太郎記念基金、二〇〇八年度在日外国人留学生研究助成、「越境する人々と都市――台湾都市における戦後移民集落（眷村＝軍人村）に関する歴史的研究」（白佐立）における研究成果の一部である。

第Ⅲ部　境界が揺らぐ

第7章　農業水利がたどった「境界」――その変化とこれからを問う

杉浦　未希子

1　「境界」――昨日の敵は今日の友

「境界」とは、不思議な概念である。ただののっぺりした平面に、一瞬にして「あちら側」と「こちら側」を作ってしまう。おまけに、「境界」はひとつの平面に一本、という単純なわけにはいかない。あらゆる論点、価値観、主義において現代ほど多くの境界を抱え、その複雑さゆえに「一体自分はどこに属していて、誰と価値観を共有しているのか」分からなくなっている時代もないだろう。現代の価値観の混迷は、たとえば「公共性」をめぐる様々な議論に象徴されている（齋藤、二〇〇八）。

また、「境界」は固定化や絶対化を志向する。たとえば、「境界」に関する問題は、私人間の隣地境界争いといった身近なものから、越境環境影響評価といった国際的なものまで範囲は広い。前者は、土地所有権という訴訟物をめぐる争いであり、後者は一国内での開発プロジェクトが他国の環境に影響を及ぼすような、国境を越える環境への影響を扱う。いずれも、私的所有権の絶対性なり、国際法の領有権に関する諸原則なりが前提となっており、境界の固定化・絶対化はそのひとつの帰結ともいえる。

しかし、実は境界というものは、絶対的な仕切りの「こちら側」と「あちら側」を簡単に入れ替える不思議な概念でもある。境界がちょっと違うように引かれるだけで、「昨日の敵は今日の友」という状況が生じるのだ。もちろん、一般社会で普通に生活していても、同じようなことを実感する機会は時々ある。しかし、森林や水といった「資源」の管理についても、それを利用管理する立場の人間たちにとって、「あちら側」と「こちら側」の境目は極めて柔軟である、といったら、少なからずの方々が意外だと感じられるのではないか。森林や水といった資源は、その使い方や利用の有無によって、人々の生活や社会の営みへ、直接的・間接的に多くの影響を与えるのだから。

本章では、「境界」という概念を使いながら、資源管理・利用における「あちら側」と「こちら側」の一例を、「農業水利」(ここでは灌漑用水の利用)に見てみよう。なぜここで、農業水利と灌漑用水なのか。それは、農業水利が現代社会のもつ重要な論点を内包する題材だからである。農業水利は古くより里山利用と関連をもち、水利組織の単位はムラであり集落であった。灌漑用水の管理は、いわゆるコモンズ(入会《いりあい》のような共同体利用)のひとつとして人々にも社会にも位置付けられてきた。同時に、一旦渇水時ともなると、「我田引水」という言葉にもあるように、自分の田に水を引き入れるために争いが起こることになる。現在では渇水どころか水余りが指摘されるが、従来は水不足から水売買や取水権取引が行われていた地域すらあった（杉浦、二〇〇八）。戦後の愛知用水や香川用水といった大型幹線は、農業従事者の水を求める悲願の末に建設された。それによって受けた便益は計り知れないが、同時に従来通りの管理の必要性を失わせていくことも意味した。つまり、灌漑用水は、伝統的水利社会による管理から始まり、大型水資源開発主体として国家や地方自治体の関与を不可欠とし、軌を同じくして管理者であった共同体そのものが弛緩するに至ったという意味で、現代における資源のひとつのあり方や「公共性」の意義の現代的遍歴を示しているといえるのである。それが公益性や社会便益という観点から良いか悪いかを論じることに意味があるのではなく、その管理・利用の変化を様々な角度から眺めることに、これからの資源管理の姿や共同体のあり方を考えるヒントがあるに違いない。

本章では、農業水利という分野が、自然科学に軸を置きつつ人文・社会科学にも多くの関わりをもつ学際的分野であることを前提に、農業水利（ここでは灌漑用水）の境界がいかに複雑・重層的であり、どのようにして「あちら側」と「こちら側」を作ってきたかについて、水の稀少性が厳しかった香川県のある地域で説明しよう。かつて灌漑用水が常態として稀少な資源であった頃、その利用をめぐり様々な「境界」が何重にも（本文中では「入れ子構造」と表現する）引かれていたが、それは昔の人の資源利用をめぐる知恵や工夫の産物だった。利用可能な水が豊富になるとともに公平感をめぐる地域的緊張関係が弛緩し、資源利用・管理をめぐる境界もまた変化消滅していったが、現代では新たな「境界」が生まれつつある。

2　農業水利というこのうえなく面白い題材

そもそも「農業水利」とは、「田畑に水を運ぶ灌漑《かんがい》の用排水機能および態様のこと」で、より分かりやすくいえば「農業における「水利」(＝水の利用)」である。設計・施工や計画・管理といった事業の枠を超え、それを利用する「ひと」に焦点を当てる視点だ。どんな人々が利用していたのか、どのような組織を作りルールを維持していたのか、ルールを破ったらどうなるのか。特に、水田における灌漑用水利用は、循環・反復利用・重力式(等高線に逆らわず重力だけを使って水を流す方法)を特徴とし、それを可能にするためには「ひと」レベルでの組織的運営が不可欠となる。これが伝統的な水利共同社会である。日本が中国に代表されるようなアジア地域と異なり、水の支配を通じた専制社会を形成しなかった所以だ。政治学でいうコモンズ概念の具体的な例として灌漑用水利用は多々引用される。

他方で、日本では元々この分野は、農業土木の一分野として「自然科学」の範疇で扱われてきた。専門的にいうと、農業土木とは耕地整理、すなわち一八九九年耕地整理法により行われた交換分合・

地目変換・区画形質の変更・道路や灌漑排水の整備と同義である。事業（耕地整理・土地改良・農業基盤整備事業・農業農村整備事業）のための技術が農業土木であり、農業水利はその一部である。「利用」を扱う以上、「ひと」を対象に含めざるをえないことから、農業水利研究は、「じつは社会科学的な素養をこそ必要とする分野」として農業土木研究者によって社会科学に極めて近い自然科学、と捉えられてきた。その意味で学際的分野の先駆けといえるだろう。水利システムは「農業的な水利用において施設システムと社会システムから構成される、その地域固有の水利」様式であり（志村、一九八二）、農業水利は「ひと」や社会と不可分な分野なのである。ところが、近年は様々な経緯で農業水利に代表されるような「ひと」や人による「利用」に関わる研究が、一部の資源管理学の研究者によって担われつつも、農業土木の中で従来と比較し希薄となってしまった。しかし、「利用」を対象にする研究において、「ひと」の視点が抜け落ちて面白いはずがない。

3　下高岡における重層的な水利用

早速、実際の事例で見てみよう。ここで注目してほしいのは、その境界の重層性・入れ子構造の複雑さである。香川県木田郡三木町下高岡は、南部に讃岐山脈を望む木田郡中央部に位置し、自然勾配で緩やかな傾斜をもつ。かつては、東を井戸村、南から西にかけて氷上村、西より北にかけては平井町に隣接した木田郡最小の村であった（面積三・九平方キロ）。氷上村との旧境には、この地域の河川主水源である準用河川、新川が北から南へ流れている。旧下高岡村の南が旧上高岡地域となる。年平均気温は一六・五度だが、最高気温が二九・五度であるのに対し最低気温五・二度と寒暖の差が大きい（平成一八年）。年間降水量は一二一二ミリメートルで、日本の年平均降水量とされる一七〇〇ミリメートルを大きく下回っている（二〇〇六（平成一八）年）。比較的降水量が多かった一九九三（平成五）年を含め近年の平均をとっても年平均気温は一六・五度、年平均降水量は約一三八一ミリメートルと、この傾向は変わらない。

この下高岡における水田の灌漑用水利用は、ため池、河川、河川の伏流水（出水）、井戸水、と複数の水源をもつ。そもそもこの地域は古来より日照りが多く、降水量も前述のように少ないのに加え、香川県下に共通の地理的な特徴として、河川が短く勾配が比較的急で大雨がすぐに海へ流れ出る。その結果、灌漑取水の多くを藩政時代に築造されたため池に頼ってきた。また、この地域は、前述したように土地所有権と独立した水売買の慣行がある地域でもあった。つまり、水を売買しなければならなかったほど、香川用水通水以前は水不足が深刻な地域であり、わずかでも水があればかき集め、細い流れを束ねて利用可能な量にする工夫が行われていた。量を確保する以外に、どこの水を誰がいつ使うかに関し、細かなルールが共有されていたことは、水利用をめぐる争いの激しさを物語る。「境界」は、まさにこの水争いから見出される、水利用テリトリーだといえる。そして、それはある時は仲間として他のグループに対抗し、またある時はこれまでの仲間に対して自分の水利用を主張していかなければならない、といった複雑な入れ子状の構造を作っていった。

その入れ子構造は、どこの水を使うか、誰が使うか、いつ使うか、といった要素によって段階的に異なる境界を形成していた。具体的に、下高岡を例に見てみよう。地域的に広がりがある順番でため池利用からいうと、ため池に近い上高岡が下高岡に対して絶対的な優先権をもつので、両者の間にひとつの境界が見出される。次に、下高岡内部において、新川という河川からの取水をめぐっては、新川上流である新井手から、皿井、古井、深水の順に劣位となるため、それぞれの間に境界が見出される。さらに、それぞれの地域（新井手、皿井、古井、および深水）内部で、毛細血管のように分かれて配水される、河川水に伏流水（出水）や井戸水を合わせた用水の利用では、上流下流の立場で個人と個人の間に境界が生じる。つまり、ため池、河川、湧水、井戸水といった水の利用に対応する形で、それを使う側の人間、その利用をめぐり争う人間（「こちら側」と「あちら側」）も規定されていたといえる。

ただ、現在では香川用水の通水により用水事情が劇的に向上したことを受け、ため池利用は完全になくなっている。そもそも、下高岡は、ため池利用時より川掛り（河川取水）を主とし、水利慣行が異なる池掛り（ため池利用）は過不足の調整として補足的に用いられた。それは、この地域がため池利用に関して上流の上高岡より劣位にあり、肝心の渇水時にはため池利用ができなかったからである。ため池台帳によると、三木町内一〇九二個のため池のうち下高岡には六二のため池がある。かつては江戸初期に築造された山大寺池（上高岡字鴻の池・一四ヘクタール・掛面積二〇〇ヘクタール）からも取水していたが、漸次その依存は減少し、昭和二〇年代には河川取水とその伏流水を利用した出水（湧き水池）の割合が増加、一九六八（昭和四三）年から一九七四（昭和四九）年にかけて作られた香川用水の通水を機に、山大寺池からの取水を止めた。その結果、現在の主な取水源は河川取水（新川）、新川伏流水（出水）、香川用水、平六渇水時に掘削した井戸水（深さ四〇メートル）、の四つとなった。ただ、ため池利用がなくなった現在でも各々の関係は複雑で、前述のように「いかにして少量の水を根気よく集め利用するか」の工夫により成り立っている点に変わりはない。すなわち、まず香川用水を山大寺池（ため池としては使われていない）と新川にそれぞれ流し入れることで、量のかさ上げをするとともに、香川用水が複雑な末端の用水配分に関わることを省く。それと同時に、水量の少ない下高岡村内の出水（四ヵ所）も利用すべく、それも一旦河川へ流し入れ、さらに堰でかさ上げした状態ではじめて、河川横の取水口から田へ導水する。

4　農業水利における「あちら側」と「こちら側」の境界

このように、この地域はかつてため池の水を補充的に使いつつ、河川からの水（新川）と新川伏流水（出水）の細い流れをかき集めて、水が大量に必要な四月から五月の田植え準備期（代掻き期）をなんとか乗り切ってきた。この地域に見られる従来の水をめぐっての争いが決してムラ対ムラという単純な構造をとりえなかったことは、取水源の多さと工夫の複雑さを見れば明らかだろう。ため池利用をめぐってムラの構成員として他のムラと闘わなければならなかった者も、河川からの水や出水（河川伏流水）をめぐって同じムラ内部で地域単位により争ったり調整をはかったりしなければならなかった。さらに、本章では詳しい記述は避けるが、この地域ではかつて「地主水」と呼ばれる独特の水利慣行が見られ、その慣行では個人から個人へ水の売買が行われた。このような地主水と呼ばれるような慣行や末端水利用においては、地域内における個人と個人が、争いや交渉の単位となった。このように、農業水利における「あちら側」と「こちら側」の境界は、水の稀少性と共同の水利用システムを通じて、場面や利用する人に応じて変化する、極めて相対的なものだといえる。

ここまで見たような複雑な入れ子構造の「境界」は、かつての日本型水利システムにおいては決して珍しいものではなかった。すなわち、たくさんの水に恵まれている時は粗放的な水管理で十分であるが、一旦、水が稀少化すると労働集約的な水管理を行わざるをえない。それまでは水を掛け流しにしていたのに、水が足りなくなるや、取り口には水守と呼ばれる水番（呼び方は地方によって異なる）が立って時間と労力を注ぎ込み、互いに監視の目を光らせてモニタリング・コストを払いながら、水を使い回したのである。そのような水を利用する側の工夫なりアプローチなりが、細々と流れるに過ぎない水を量的にも質的にも灌漑用水として利用可能な状態にしてきた。ため池灌漑では河川取水灌漑より平等性の原則が働きやすいという側面が指摘されているが、ため池掛り地域が広くなればそれだけ河川取水のように上流優位の原則が働きやすい。水が高いところから低いところへ流れるという性質は変わらないが、それをとりまく資源の利用行為が様々な境界を作り、ただの水を利用可能な状態へ変えていくのだ。

5　変化を続ける「境界」

留意が必要なのは、本章で触れた資源利用に伴う境界が明らかに見てとれるのは、戦後期の土地改良政策が「日本型水利システム」を（小森治夫の言葉を借りれば）解体する以前の話であるという点である。「解体」とは穏やかな響きではないが、戦後の農政はＧＨＱ政策の農地改革を経て時代時代で大きな変遷を経ながら生産基盤の整備に寄与してきた（その貢献や意義については元杉（二〇〇八）を参照のこと）。それとは別の部分で、近世に生成・発展し、戦前期に再編された日本型水利システム（本章では伝統的水利社会と表現している）が、戦後解体しつつあるという事実はある。その理由のひとつは、戦後になって新たな大型水資源開発が可能となり、日本型水利システムの地域的緊張関係が弛緩し、村落における統制的な作付秩序に変化がもたらされたこと、第二に、圃場整備事業の進展で一枚一枚の田が用排水路をもつようになり（田越し灌漑の克服）、共同体的規制を不可欠とした日本の伝統的な水田農業が変質したことが指摘されている。つまり、それまではひとつの田んぼに水が流し入れられると、切れている畔の一部から水が隣の田んぼに流れ出て、順々に水がその地域全体の田んぼに回るシステムをとっていたから（田越し灌漑）、みんなでうまく水を使い回さないと水を最後の人まで回せないし、回すためにはその地域社会で一定のルールを作り、それを厳格に守り合う監視システムを機能させせなければならなかった。しかし、そもそも使い回す水の量が増え、加えて田越し灌漑を行わなくても済む田んぼであれば、そのようなやり方を続ける必要性は失われる。その結果、当然ながら「境界」は変化・消滅していった。その「解体」プロセスが戦後のマルクス経済学や社会主義といった思想的流れと軌を一にしていたこともあり、時代が思想から離れるとともに農業水利の関心も「ひと」そのものからも離れていった。

それまでの農業水利は、地形的・社会的な力関係を水の分配において如実に反映せざるをえず、その意味で、「どのように分けるのが公平か」を常に自問し続けなければならないシステムであった。しかし、それまでの「境界」が農地改革と上記の二点で劇的に変化したことで、人々の中から水の利用を通じて地域社会やそこで求められる公平性の意義について、切迫して考えなければならない機会が失われていった。

このような境界の消滅をもたらした様々な変化は、現代において新たな「境界」を生み出している。伝統的水利社会の解体に伴い、宙に浮いた「誰が管理するか」「その費用を誰が負担するか」という議論を、既存の制度を超えて検討せざるをえなくなったのである。これまでは生産目的で制度上捉えられていた用水も、非生産目的で捉え直し、かつそれを農業・都市・工業に次ぐ新たな「環境」というカテゴリーに位置づけ、地方公共団体が費用を負担する道が用意されるに至った（環境用水）。後述の「冬期水利権」がそれに当たる。新たな「境界」はまさに形成過程にある。

6　農業水利のこれからを問う

いまや従来の境界は変化・消滅しつつある。それは伝統的水利社会の解体を意味するが、同時に水利上の公平性に関して争わなくてよいという、地域にとっての朗報でもある。ただ、これまで何百年と続いてきた社会システムの一部を失うことが、公平感の獲得と対価かどうか、は別の議論である。

境界がなくなった農業水利は、これからどの方向へ進んでいくのだろう。将来の話を考える時、二つの可能性を指摘できる。池上甲一の言葉を借りれば、一つは水のもつ様々な機能をひとつの特定目的に限定し、その目的にとって効率的な利用を目指そうとする方向性、すなわち特定目的に純化させていこうという考え方（資源純化主義）。もう一つは水のもつ様々な機能を地域という具体的な場のうえでトータルに実現しようとする方向性（機能複合主義）である。現在の水利権制度は一つめの考え方に基づくのに対し、いわゆる「地域用水機能」（一つの用水が反射的利益として灌漑、景観形成、子どもの遊び場など様々な水の役割を地域空間の中で同時に果たす）の考え方は二つめの考え方に近い。現在、農業水利施設を利用した冬期水利権が環境用水水利権として仙台市および新潟市で二例認められている（二〇〇八年現在）。いわば、一つめの考えに基づく現在の法的枠組みの中で二つめの方向性を進もうとする（言い方を変えれば二つめの考え方を包含しようとする）政策上のチャレンジである。両者の考え方は、アプローチこそ異なるが、「これまで伝統的水利社会が管理してきた用水を誰がこれから管理し、費用を払っていくか」という点で打開策を模索している点では共通している。水利権が国土交通省の、農業水利施設および灌漑用水が農水省の管轄だとすれば、水余りや高齢化を前提とした水資源管理問題に対し省益を超えた協働だとも評価できよう。

従来、農業分野で「資源」というと、生産目的に寄与する手段としての農地であり水であった。しかし、これからの農業水利はすでにその枠組みを取り払った向こう側にしか存在しえない。水利用における従来の境界がなくなった今、乗り越えるべきこれからの「境界」は、もはや稀少な水をめぐる地理上の境界ではなく、前述一つめの方向性にあるような「ひとつの機能、ひとつの目的、そのためのひとつの手段」といった限定的な考え方にこそある。誰が資源をどう管理・利用しその対価を賄っていくのか、という点にこそこれからの議論で力点が置かれていくべきだろう。

参考文献

元杉昭男（二〇〇八）『農業農村整備の社会的意義』㈱土地改良新聞。

齋藤純一（二〇〇八）『公共性』岩波書店。

志村博康（一九八二）『現代水利論』東京大学出版会。

杉浦未希子（二〇〇八）「灌漑用水の慣行に習う――『稀少化』した資源の分配メカニズム」佐藤仁編『資源を見る眼――現場からの分配論』東信堂。

《コラム》神性とともに境界を越えることで維持されるインドネシア・バヤン村の慣習林

神頭 成禎

インドネシアの慣習林は、とくにカリマンタン島に見られるように、大規模な伐採や無秩序な焼畑農耕が村の内部者・外部者双方から行われ、著しく荒廃しているケースが少なくない。これは開発独裁を軸とするスハルト体制期(一九六五-一九八)の政策により、慣習的手法や慣習法が弱化し、次第に慣習林の境域そのものが希薄なものへと変貌していったからである。この境域の希薄化は、外部者の侵入を許し、また内部者・外部者双方によるその地の潜在能力を超えた無秩序な行為を容易にする。これにより慣習林に内在する資源は、市場経済の荒波に直接的に晒されるようになったのである。そのような中、外部社会の影響を慣習的手法によって緩和し、慣習林を維持する慣習村が存在する。慣習村とは、古来より継承される伝統的システムや、慣習法として具現化される宗教性を伴った村独自の規範、またそれらによって規制される慣習林などの慣習的土地を有する伝統的村落(あるいは、自然村）を指す。ここではそのような慣習村の一つであるロンボク島バヤン村を取り上げ、彼らがいかに慣習林を維持しているのかについて見ていきたい。

バヤン村は七つの慣習林を有しており、村民はそこに内在する森林資源を日々の生活の糧とする。この慣習林は「国有林」の中に設置されるものであるが、一九九九年に施行された森林法により、慣習法に基づく利用と管理が慣習村（バヤン村）に認められている。しかしその境域は、古くは「バヤン村の中」に位置する一区域であったため、村内部においては今なお村の一部と認識されている。ここに慣習林を、「国有地としての境域」と見るのか、あるいは古来より継承される「村の境域」と見るのかとする揺らぎが生じる。

村民は古来よりの思想に基づき、その地の真の所有者を「実在的な所有者（村やその構成員）」ではなく、「抽象的、あるいは精神的な所有者（神々や精霊、祖霊などといった神性）」であるとし、これを聖域とみなす。この空間には生命を育む上で必要不可欠な水や土を創る神性が存在するとされ、それらとのつながりを得る重要な場として認識される。それゆえこの空間の清浄化は常に意識され、内部者の逸脱的行為や外部者の侵入によってもたらされる不浄化を防ぐため、神性に関する役職者により保護・監視されている。そのような慣習林内では、神性と村民の関係を維持・強化することを目的とする儀式が執り行われている。この儀式を受けることが許される者、すなわちバヤン村民のみが、慣習林内で林産物を採取することが神性によって許可されているとする。彼らは、宗教性をその地に帯びさせることにより外部社会との間に「境界」を設け、外部者を排除しているのである。しかしそれは、外部者を絶対的に排除するものではない。外部者もまた、一時的であれ、儀式を通して慣習林に存在する神性と紐帯を結び、かつ慣習法を遵守する限り、村民の指導の下での林産物採取が可能となる。絶対的排除という強硬な姿勢は、外部社会との間に軋轢を生み、強奪的搾取を招きかねない。彼らは、条件つきで慣習林内への越境を認めることにより、外部者の森林資源を使用したいという欲求や要求に応え、望まない侵入を未然に防いでいるのである。

バヤン村民は、神性がその地を離れることを最も懼《おそ》れる。それゆえその境域内では、宗教的観点から正当であり神性を嚇怒させることのない行為のみが認められ、これを逸脱する行為者は神性に関する役職者も参加する伝統的審議会の場で厳しく罰せられる。慣習林は、神性の存在する場であり、まさに聖域なのである。そのような慣習林の境界は、たとえ村民であっても、神性に関する役職者の許可なく容易に越えることはできない。越境者が規範や思想の異なる外部者であればなおさらである。しかしこの境界は、「宗教性」というフィルターを通して、外部者もまた越えることのできる柔軟性を伴っている。彼らは、市場経済の巨大な波にただ呆然と飲みこまれることのないよう主体性と独自性を主張すると同時に、外部社会との間に軋轢を生むことなく良好な関係を築くことで、慣習林を維持しているのである。

第8章　揺らぐ政策形成と国家
――グローバリゼーションと民主主義、日米防衛政策調整

柴田　晃芳

1　グローバリゼーションと国家の揺らぎ？

巨大な現象　グローバリゼーションの進展が叫ばれて久しい。一九七〇年代に始まった今日のグローバリゼーションは、一言で言えば「国境を越えてヒト・モノ・カネが活発に移動する」という状況を指している。一九九七年のアジア通貨危機は、グローバリゼーションの広がりと速度、そして影響の大きさを明らかにした。七月にタイ・バーツという一国の通貨が暴落したことが発端となり、その影響は瞬く間に近隣のインドネシア、フィリピン、マレーシアへと波及し、さらに年末には韓国の通貨暴落を導いた。しかも事態はこれにとどまらず、翌年にはロシア、ブラジルといった遠く離れた国々の通貨さえもが暴落へと追いやられた。通貨暴落の衝撃が世界中へと波及する様子は、グローバリゼー

ションという世界大で進む巨大な現象を、破滅的な形で見せつけたのである。

グローバリゼーションの実態をとらえ、その影響を明らかにするのは、容易なことではない。この重要課題の解明は、すでに数多く試みられている、あるいは今後試みられるだろう諸研究によることにし（たとえば未来を拓く人文・社会科学シリーズの一冊である、遠藤乾編『グローバル・ガバナンスの最前線』を参照されたい）、本章ではグローバリゼーションが持つ二つの政治的影響に着目して、政策形成を枠付ける国家という境界の揺らぎについて論じてみたい。

グローバリゼーションと民主主義　一つは、「グローバリゼーションにより主権国家が機能不全に陥った」ということだ。従来、主権国家は一国内で完結した社会を前提に、その中で諸々の政策を実施し、国内を統治してきた。しかしながら、ヒト・モノ・カネの移動が国境を越えた社会的なつながりを作り出すと、ケインズ政策や通貨政策など、特に経済政策分野において、従来の政策が有効に機能しない状況が生じる。たとえば今日では、各国の通貨政策は為替相場などを通じて相互に強い影響を与えあうために、国際的な政策調整が行われるようになっており、結果としてかつてに較べ各国の政策的自由は制約を受けている。こうした状況から、早晩国家が政策主体・規制主体として機能不全に陥る、との予測がなされ、スーザン・ストレンジ（一九九八）などにより、「国家の退場」が論じられることになった。国家が単独で統治機能を担えず、領域内の秩序を十分に維持できないなら、向かう先は二つ、他の主体との協働による秩序維持の継続か、国内秩序の劣化・崩壊かだ。そこで前者が目指されるのは、当然のことだろう。そのような世界では、国家のみならず、国際機関、多国籍企業、地方政府、市民団体、ＮＧＯ、さらには個人が、政策の形成・実施主体として、新たに立ち現われてくる。

もう一つは、「グローバリゼーションが世界を小さくした」ということだ。さまざまなものが世界中をかつてないスピードで行き交う。今や我々の目や耳や手は、かつては考えられなかったほど早く遠く深くまで届くようになっている。「世界が小さくなった」と感じるのは、当然のことと言っていい。政治の世界においても、市民が手にできる情報は、質・量ともにかつてなく拡大しており、政治エリートとの格差は相対的に縮まっている。この意味で、グローバリゼーションは市民が政治を民主的に統制する可能性を高めた、と言える。

グローバリゼーションにより、政治の世界の中心を占めていた国家の存在は縮小するが、相対的に能力を向上させた市民が活発に活動するようになる。主権や国益といった国家の論理に代わり、共通の市民的関心に裏付けられた公共性の論理が政治の世界に注入され、より民主的に統制された政治が行われるようになる。グローバリゼーションをめぐっては、そのような好ましいヴィジョンが提示されている。そして実際、このような傾向を示す事例も見られるようになってきた。たとえば、一九九七年に締結された対人地雷禁止条約は、その代表的な例と言える。一九九二年に六つのＮＧＯが始めた地雷禁止国際キャンペーンは、世界中に拡大し、九七年には世界中から一万を越えるＮＧＯが参加して、この条約の成立に極めて大きな影響を与えたことが知られている。地雷禁止国際キャンペーンは、同年この功績によりノーベル平和賞を受賞した。

異なる側面　しかし他方で、これとは異なる見方も存在する。まず、国家が必ずしも「退場」せざるを得ない状況にないとの見方が増えつつある。そのような見方によれば、一国内的政策が機能不全に陥り、政策主体としての地位を失うかに見えた国家は、さまざまな場面で、国境を越えた官僚機構の結びつきを作り出し、そこで国際的に政策形成を行い始めている。さらに、その際に営利企業やNGOなどの多様な主体をそこにとりこむことにより、国家は、自らも変容しながら政策主体としての地位を保ち存続しようとしている。

そして、新たに作り出されたそのような国際的な政策形成の場に対して、我々はいまだ十分なアクセスを持たない。判断材料となる情報は少なく、判断を注入するルートもわずかだ。グローバリゼーションは、「小さくなった世界」の外に、別の「見えない世界」を作り出した。

こうした見方が、「グローバリゼーションが民主主義を強化した」という見方とは逆の含意を持つことは明らかだろう。

本章の議論　いずれにせよ、いまや政策形成において、国境という一見確固とした境界が揺らいでいることは確かだ。ここで我々は、改めて問い直さなくてはならないだろう。結局のところ、グローバリゼーションが進展する現在、果たして政策形成に対する民主主義のコントロールは、強まっているのか弱まっているのか。

先述のとおり、グローバリゼーション状況は経済政策分野において顕著であるが、それ以外の政策分野においても同様の傾向が見られるようになっている。本章では、日本の防衛政策分野を例に、政策形成における国境という境界の揺らぎを確認した上で、その意味について考えてみたい。

2　日本の防衛政策の文脈

防衛政策とは、簡単に言えば、国家が受ける（主に軍事的な）脅威に対する対抗手段で、これ自体も軍事的な性格が強い。自国の防衛戦略を定める一国内的政策であることは間違いないが、国家外部からの脅威への対抗から国際的な側面も持つ、その意味で両面的な政策分野である。日本の防衛政策の現実に照らせば、憲法九条に代表される軽武装・経済優先路線に一国的側面が象徴され、安保条約を核とした日米安保体制に国際的側面が象徴される、という見方も可能だろう。

戦後初期の防衛政策

日本の防衛政策は、戦後長らく、一国内的に形成されてきた。アメリカの要請に基づいて再軍備を行ったとはいえ、保守と革新が激しく対立する国内の政治状況をのりこえて防衛政策を主導する力は、政府与党にはなかった。そこで政策を主導したのは官僚組織だったが、国民の信任を経ない官僚組織には、大胆な政策展開をすることはできない。結局、当時の政治状況においては、自衛隊という軍事力を活用する、あるいは逆にこれを廃絶するような政策の余地は、残されていなかった。また、アメリカも、敗戦国が苦しい国内状況の中で整備を始めて間もない、自衛隊というわずかな軍事力に、大きな関心や期待を寄せることはなかった。実際のところ、自衛隊には最大の仮想敵だったソ連との正面戦を戦い抜く力はなく、その軍事力は示威による抑止力形成を主たる目的として、もっぱら軍事演習に用いられた。その結果、防衛政策は示威のための軍事力を整備することと同義となった。つまるところ、この頃の防衛政策は、官僚組織が防衛力整備を行う、一国内的な政策だった。

七〇年代以降の防衛政策　こうした状況に変化が生じるのは、七〇年代に入ってからのことである。七〇年代初頭には、オイル・ショックの影響により、高度経済成長が終了した。国際的にも、デタント状況により東西の緊張緩和が進むとともに、アメリカがヴェトナム戦争で疲弊したことで、その軍事力が相対的に低下し、また政治的にも内向きの傾向を強めていた。これらの影響から、日本は七〇年代中盤、防衛力整備のペースを緩める政策をとった。

しかし、こうした傾向は一時的なものに終わる。豊かな総中流社会を実現した日本では、その受益者である市民の現状維持的傾向が強まり、社会の保守化傾向が見られ始めていた。また経済力の向上とともに、防衛政策に向けられる資源も拡大し、長年の防衛力整備の成果が蓄積した結果、自衛隊は軍事力として無視し得ない規模を持つようになった。他方、国際状況に目を転じれば、七〇年代終盤には新冷戦が到来し、東西が再び対立を深めていく。こうした状況下でアメリカは、日本の軍事力への期待を高め、日本に応分の軍事的負担を求めるとともに、両国の軍事協力を強める政策をとるようになった。「日米防衛協力の指針」締結（一九七八年）や「シーレーン防衛構想」論議といった出来事は、こうした文脈に位置づけられる。この日米防衛協力の強化路線は、八〇年代の中曽根政権期に確立されるに至る。これにより、一国内政策としての性格が強かった日本の防衛政策に、国際的性格が付け加わることになった。

国内的な政策形成の継続　とはいえ、これをもって日本の防衛政策形成が国際化した、とは言えない。政策内容の面から見れば、国際的側面が生じたことは確かなものの、その規模はいまだ大きなものではなく、またそれはあくまでも日米の二国間に限られ、その外に広がる可能性を持たなかった。さらに、政策形成のプロセスから見て、防衛政策は相変わらず国内に閉じられていた。与党自民党は、国会運営を阻害することを恐れて、防衛問題を国会において審議することに消極的で、実質的な防衛政策形成を官僚組織に委ねていた。また、自衛隊という軍事力を演習以外で運用する機会に乏しかったことで、国際環境に対応する意識が希薄で、国内財政的側面の強い防衛力整備ばかりが重視された。結局、官僚組織による硬直的な防衛力整備、という一国内的な防衛政策形成の性質は、変化することなく継続した。日米防衛協力が謳われたにもかかわらず、憲法九条に違反する恐れが強いとの懸念から集団的自衛権の行使に関する議論がタブー視され続けたこと、これにより「防衛協力の指針」で定められた日本の「周辺事態」に関する研究がまったく進められなかったことは、こうした事情をよく示している。

以上のように、日本の防衛政策は、再軍備から九〇年代に至るまで、五五年体制期を通じて、国境という境界に強く枠付けられ、一国内に閉じられた政策として形成されてきたと言える。その中で政治レヴェルが積極的な役割を果たさなかったために、政策に対して民主主義的な影響を与える可能性が損なわれた恐れはある。ただ、防衛政策をめぐる論議に常に憲法的な制約がかかっており、実際の政策内容も硬直的な防衛力整備の枠を超えなかったという意味では、民主的統制が防衛政策に最低限の外枠を与えていたとの見方も可能だ。特に七〇年代以降の日本人の意識が、自衛隊の存在を認めるが、その軍事力の使用を許さず、軍事的脅威に対しては日米安保条約に基づく米軍の軍事力に期待する、というものだったことを、多くの世論調査が示している。

3　防衛政策をめぐる境界の揺らぎ

こうした状況を決定的に変化させたのは、八〇年代末から九〇年代初頭にかけての、冷戦終結という国際環境の巨大な変化と、それに続く五五年体制の崩壊という国内政治の大変動だった。

国際化の兆し？　東西冷戦が終結したことで、日本にとっての主要な仮想敵国であるソ連の脅威は激減し、日米安保体制の存在意義が低下した。日本国内では自衛隊の規模縮小や日米安保体制の見直しといった議論が起こった。五五年体制の終焉により左右対立の図式が崩れ、かつては政治的対立軸の核心をなしていた防衛政策などのイデオロギー争点は、その重要性を著しく減じ、政治レヴェルが防衛政策形成に関わりやすい状況が生じた。また九二年に成立した「国際平和協力法（PKO法）」に基づいて、海外での組織的活動が始まったことで、自衛隊はもはや活用される見込みのない軍事力ではなくなった。このように、九〇年代前期には、日本の防衛政策を大きく転換する環境条件が整った。

実際、細川政権では、首相が主導して「防衛問題懇談会（防衛懇）」を設置し、防衛政策の見直しを目指す活動を始めた。後に防衛懇は、「日本の安全保障と防衛力のあり方」という最終レポートを提出している。このレポートは、グローバリゼーションの進展という時代状況を前提に、日本の防衛政策が、日米の二国間関係のみを考慮すればいい時代はもはや終わったのであり、日本自らがグローバルな視野の下に政策形成をしなければならないとの問題意識から、あるべき防衛政策像を具体的に提示するものだった。

にもかかわらず、九〇年代においても、防衛政策形成を政治レヴェルが主導するという状況は定着せず、細川政権期の動きは、いわば例外的な現象に終わった。これには、細川政権が比較的短命に終わり、その後の政局の結果、自社さ連立政権が成立した、という事情が影響している。防衛政策をめぐって鋭く対立してきた自民党と社会党が連立政権を組んだことで、防衛政策は政権の枠組を左右する政策分野となった。結局、自社さ連立政権は、防衛政策形成への積極的関与を避け、官僚組織に依存するという、五五年体制下の与党と同様の行動をとった。これにより、政治レヴェルが防衛政策の国際化を推進する可能性も失われた。以上から、九〇年代の防衛政策形成に対して民主的統制が機能したかという点については、否定的な評価をせざるを得ない。

日米防衛政策調整　となれば、官僚主導の政策形成により防衛政策が硬直化する、というかつてのパターンが継続しそうに思える。ところが、実際は違った。日本の防衛政策の基本方針を示す文書「防衛計画の大綱」には、九五年一一月の改定で、日米安保条約が日本の防衛を超えて東アジア地域の安全保障役割を担うものであることが明記された。安保条約のこのような位置づけは、かつて政府が否定していたものだ。五五年体制下では不可能だった政策の実現という、防衛政策の大転換を、官僚組織が主導したのである。

これを可能としたのが、日米両国の防衛政策を、立案時から調整し相互に最適化するという、日米防衛調整だった。前述のとおり、従来の日本の防衛政策形成は国内的な性格が強く、政策形成に際して日米協議が行われることはほぼなかった。そのため、大枠としての日米安保体制が存在していても、個別具体的な状況下で両国の協力体制が十分に機能するか否かが、実は不透明だった。こうした問題は、九三年に発生した朝鮮半島の核危機により、日米の政策担当者に強く意識されるようになる。これを契機に、両国の政策担当者は、軍事協力の緊密化を目指して共同歩調をとる。

とはいえ、政策調整を実現するためのプロセスや交渉チャネルといった制度が存在しない。しかも、こうしたものを公式に立ち上げるには、相当の時間と政治的コストを要する。この障害を解決したのが、いわゆる一・五トラックと言われる、政府と民間の中間レヴェルの、半公式の日米交渉チャネルだった。アメリカの国防大学においては、研究者や政権中枢に近い官僚が対日政策勉強会を組織しており、ここに日本の防衛省や外務省の在米官僚が参加していた。こうした組織がアド・ホックに日米間のチャネルとして機能したことにより、初期の日米政策調整が実現された。ジョセフ・ナイ米国防次官補が中心となって作成した、アメリカ国防総省の政策文書「東アジア戦略レポート（通称ナイ・レポート）」（一九九五年二月）は、こうしたプロセスの最初期の成果である。

上記の新「防衛計画の大綱」は、これと同様に日米の緊密な政策調整の結果成立した、日本側の文書だった。新大綱の立案過程では、当初、防衛懇のレポートに基づき、グローバリゼーションに対応した防衛政策の国際化が目指された。しかし、日本の安保離れを嫌うアメリカと、これに同調する国内アクターの反対により、政治的推進力を失っていた防衛懇の国際化路線は後退し、日米同盟を重視する路線が定められた。

その後、両国の政策調整はさらに進展し、一九九六年には「日米安保共同宣言」が成立、九七年には「日米防衛協力の指針」が改定された。これら一連のプロセスの進展とともに、当初一・五トラックだった交渉チャネルは徐々に公式なものへと制度化され、さらに緊密な政策調整とその恒常化が進んだ。

二国化と国際化　つまり、日本の防衛政策に大きな転換をもたらした「防衛計画の大綱」は、実は国内の官僚組織によって主導された五五年体制下の政策とはまったく異なり、日米の官僚組織およびその周辺の民間アクターの活動によって形成された政策だった。九〇年代半ばの防衛政策は、一国内に閉じられていたかつてのプロセスから、日米間の国境という境界を越えた国際的プロセスへと変貌を遂げたのである。これは、日本の政策形成がアメリカからの外圧にさらされるという状況とは異なる。外圧が、国内アクターに対する外部からの働きかけであるのに対して、ここで見られる国際的プロセスにははじめから国境を越えて日米のアクターが含まれており、日本の政策形成に対するアメリカ側の影響（あるいはその逆）が制度として組み込まれている。この意味で、国際的な政策形成は、政策形成への参加や影響について、従来機能してきた国境という境界を曖昧化させる。

ところで、以上に述べた防衛政策形成の国際化は、実のところ日米の二国間化に過ぎないようにも見える。日本の視点から九〇年代の展開を見る場合、そのような印象は一層強まる。ただ、こうした見方では、二つの重要な点が見落とされる。一つは、このプロセスが、結果的に成功しなかったとはいえ、防衛懇が示した国際化ヴィジョンの実現を目指す、日本の努力に主導された面がある、ということだ。国際化は、九〇年代日本の防衛政策を先導した重要な政策路線だった。もう一つは、アメリカの防衛政策は、日本のそれとは異なり、極めて国際的な色彩が強い、ということだ。九〇年代にアメリカが日本との防衛協力を進めようとした背景には、進展するグローバリゼーションに対応して、世界戦略を再編成する、という目的があった。アメリカ側から見れば、日米同盟の深化は、グローバリゼーションに対応する新たな国際化の具現にほかならない。いずれにせよ、九〇年代、グローバリゼーションの圧力により、従来国内に閉じられていた日本の防衛政策形成が、国家の枠を超える政策形成のプロセスを持ち始めたことは、間違いない。

4　国際的な政策形成と民主主義

結局のところ、戦後を通して、日本の防衛政策は、政党政治を媒介とした直接の民主的コントロールの下にはなかった、と言えよう。その理由の一端は、戦後初期においては強力なイデオロギー対立に、それ以後の時期においては防衛政策形成に対する政府与党の消極的な関与に、それぞれ求めることができる。事態の改善には、政治の変化が不可欠である。

しかし、グローバリゼーションが進展する今日においては、問題の核心はすでにここにはない。単に政府与党や政党政治が防衛政策形成に積極的に関与するようになったところで、政策への民主的コントロールの問題は解決しない。

グローバリゼーションがもたらした政策形成の国際化は、政策への民主的コントロールに対し、より根源的な問題を投げかけている。それは、現代の政策形成と民主主義の間のギャップという問題だ。

政策形成が国際的に行われるようになっても、それを統制すべき民主主義という政治システムは、いまだに一国内のものにとどまっている。最初に示した、グローバリゼーションと民主主義の関係に関する相反する二つの見方が炙り出していたのは、実はこの問題だった。

本章の事例に見られる状況は、今日進展するグローバリゼーションの中で、多くの政策分野に共通して見られるものだ。グローバリゼーションは、政策形成の国際化というかつてない現象を生み出すことで、現代民主主義に根源的とも言える困難をもたらしている。そして、グローバリゼーションが投げかけるこの問題に対し、我々はいまだ十分な解を見出せていない。

参考文献

秋山昌廣（二〇〇二）『日米の戦略対話が始まった――安保再定義の舞台裏』亜紀書房。

遠藤乾編（二〇〇八）『グローバル・ガバナンスの最前線――現在と過去のあいだ』東信堂。

船橋洋一（一九九七）『同盟漂流』岩波書店。

佐道明広（二〇〇三）『戦後日本の防衛と政治』吉川弘文館。

ストレンジ、スーザン（一九九八）『国家の退場――グローバル経済の新しい主役たち』（櫻井公人訳）、岩波書店。

第9章　境界のあちら側とこちら側

——裁判官と裁判員からの景色の違いを超えて

荒川　歩

ほんの一昔前まで、司法・医療・教育・科学などの領域では、専門家と非専門家の境界が歴然としていた。だから、専門家でないわれわれ市民は、難しいことは専門家に任せて、専門家の言うことには従うことになっていた。ところが近年、専門家でない市民と専門家と呼ばれる人々との関係が、大きく変わりつつある。科学の現場では、パブリック・エンゲージメントの名の下に、専門家が積極的に非専門家の意見を聞く機会が設けられ（本書、須田コラムを参照）、行政の現場でも一般市民の意見を聞くことが必要になった。これによって、市民の立場も変化した。市民は、それまでのような無知な存在（欠如モデル）としてではなく、独自の判断様式や地域知を持った存在（双方向モデル）として、それぞれの現場で発言するようになった。

この傾向は、それまで専門家の独壇場であった「法」においてですらも例外ではない。二〇〇九年五月二一日に施行される裁判員制度は、その最たるものであろう。この新しく始まる裁判制度では、一般市民である六人の裁判員と専門家である三人の裁判官とが協働して、重大な刑事事件の事実認定・刑の適用・量刑の判断を行うことになる。この制度導入の目的の一つは、「私の視点、私の感覚、私の言葉で参加します」という裁判所のキャッチフレーズに示されるように、市民の良識を司法に反映させることであるとされている。

「市民の良識を司法へ」、「市民は独自の判断様式や地域知を持った存在である」というのは耳に心地の良いフレーズだが、このような変化のなかで、既存の専門家役割、非専門家役割を行うだけでは、うまくいかない可能性も指摘されている。では、専門家と市民の対話の先には、どのような地平が待っているのだろうか。本章では、裁判員制度における裁判官と裁判員に着目し、専門家と非専門家の境界、そしてその協働にどのような問題が起こるのかについて考えてみよう。

1　法の専門家とは……

日本には、法の専門家として、裁判官、検察官、弁護士など様々な職種が存在する。この専門性について考える際に、法とは基本的に人工的・文化依存的なものであることに注意が必要である。つまり、現在の法律とまったく逆の法律を作ることもできるし、現に歴史的に大きく変化したりもする。個々の法の制定にはもちろん理由があるが、普段意識されない権利や利益を守るために洗練されたものもあり、市民が直感的に理解できるとは限らない。

また、多くの市民は、裁判官が人を裁いていると思っているが、裁判官が多くの場合にしているのは、検察官・弁護人が提出した証拠が一定の法的条件に十分あてはまっているか、という判断である。その判断は、人としての裁判官に依拠しているのではなく、実質的に法と判例に依拠している。裁判官は、法の解釈においては一定の裁量権を持っているが、法を完全に逸脱した判断をすることはできない。法の専門家とは、現実世界の紛争を法的世界観で捉え直し、法的規範に基づく予測・判断をする人だと言えるだろう。

このように公正で厳密な判断をするために訓練された法の専門家の判断の仕方は、市民とはいくつかの点で異なっている。第一に、市民の目から見ればその思考は分析的であり、事実を認定するために、主張内容を個々の要素に分解し、それを一つ一つの証拠に基づいて吟味していく。

第二に、法は、基本的に外部的な視線である。主観的な感情、「思わずむきになって力が入ってしまって殴ってしまった」や、「ちょっと持っていってもいいかと思って」は、法的場面において、「傷害」になったり「窃盗」になったりする。そのような語られ方を突きつけられたとき、被告人は呆然とするかもしれない。しかし、「自分のしたことは客観的に事実だけを見ればたしかにそうかもしれない。でも私のしようとしたことはそんなことではなく……」といくら叫んでも、その気持ちが決して伝わらないものであることは、被告人本人も知っているだろう。個人の主観的な行為は、法的／客観的言説によって、まったく別様に切り取られる。

2　「無知なる人」としての市民

市民も、場合によっては法の専門家と同様に、分析的に考えることもある。しかし、基本的には、一つ一つの論点を要素に分解した上で検討・評価して統合するのではなく、事件の経緯を一つの物語として形成し、被告人の主張の方が正しそうか、検察官の主張の方が正しそうかという全体的な判断を先行させているように見える。そのため、「どこからそう思われますか？」と裁判官に理由や根拠を聞かれると、回答に窮することがある。

このことが、実際に問題を引き起こす可能性もある。たとえば、市民が「なんとなく被告人の証言はうそっぽいので有罪だと思う」と考えたとしよう。この言説では、根拠と結論の関係が十分意識化されていないため（たとえば「どの部分がどう信用できないのか」など）、個別の要素に分解して分析した思考に比べて、相対的にバイアスの入り込む余地が大きいだろう。判断している本人も気づいていなくても、「うそっぽい」と感じる理由の背景として、被告人の属する職業や国籍などに対する偏見があるかもしれないということである。

また、法の規定に納得していない場合、市民は法と矛盾する判断を行う場合があることが知られている。たとえば、殺人事件などで、被告人が精神障害のため犯行当時に心神喪失であった疑いがあり、罪に問うことができるかどうかの責任能力が争われている場合、市民のなかからは「罪を犯したのだから、責任能力があってもなくても罰を受けるべきではないか」という議論が起こることがある。これは、歴史的には議論のあった問題であるとはいえ、現行法に照らせば、法に適った考えではない。また、自分や家族が被害者になる可能性を想定しやすい場合や、社会防衛的な感情や社会的な不安をあおる事案であった場合には、市民が被告人に対して、裁判官の基準よりも厳しい判断を下す可能性もある。

逆に、被告人の行為に自分の身を守る意味合いがあった場合や、被害者側の努力で事前に事態を避けることができた場合には、市民は被告人に対して寛容になる場合があることが知られている。しかし、法的には、正当防衛が認められるケースはかなり限定されるし、被害者側に回避する可能性があったとしても回避する責任がなければ回避しなかったことを責めることはできない。たとえば、観光で訪れた人が、周りの注意も聞かず、非常に治安の悪い地域に興味半分で深夜に出かけ、殺されてしまったような場合を考えてみよう。このような場合に、「そもそも危険なところに夜に行った方にも責任がある」という意見も出て、被告人の罪が軽く見積もられる可能性もあるだろう。また、いじめられていた側が、追い詰められて反撃して殺してしまった場合も、同様に被告人の罪が軽く見積もられるかもしれない。

3　「深く思考する人」としての市民

これまでは、市民の判断の「非合理性」について書いてきた。では、市民は、専門家の領域をかき乱すモンスターなのだろうか。先述の無知なる人としての市民とは逆に、市民は、法律家よりも深く考える人なのだという言説も存在する。法律家は、その個別の事案のその事件の瞬間を問題にするのに対し、市民は、柔軟に長期的なスパンで、被告人や被害者の人生のなかで事件の「責任」を考えようとすることが指摘されている。

たとえば、数年前にあった飲酒運転による事故をめぐる議論は、この点を端的にあらわしているだろう。従来の法律（業務上過失致死傷罪）では、飲酒運転で交通事故を起こし、相手を死亡させたとしても、最大で懲役五年であり、さらに運転手が酩酊していれば責任能力の有無により無罪が法廷で争われることさえあった。しかし、市民の目から見れば、そもそも飲酒し酩酊した状態で運転したのが問題であり、泥酔しての運転が危険であることを知りながら運転したことは、殺人にも近いと感じられたのであろう。二〇〇一年に施行された危険運転致死傷罪の成立は、このような市民の感覚が後押しした事例と捉えることができる。

このような市民の判断は、法の判断とは異なっていても、ある種の合理性があると言えるかもしれないし、やはり直感的で非合理的だと言えるかもしれない。

4 評議の場の制約

市民が、「無知なる人」であったとしても、「深く思考する人」であったとしても、評議の場で裁判官と異なる判断をする可能性があるという点では共通する。市民の良識を司法へ反映するという言葉を額面どおりに受け取れば、裁判官と裁判員の議論のなかから、両者が納得できる合理性が創出されるのが理想ということになるだろう。しかし、現実的には、多くの限界がある。なぜなら、裁判官は、判決文を書かねばならず、判決には理由を書かねばならない。「この人は悪そうな顔をしていたから、市民感覚で有罪」とは書けず、また評議にまったく出ていなかった言葉で判決を書くことも適切ではないだろうから、評議の場で議論される言葉は論理的で分析的なものにならざるを得ない。また法から逸脱する判決も書けない。日本と同様に裁判官と市民が協働するドイツなどヨーロッパの一部の国における参審制に対しては、市民の常識が司法に反映されることはなく、市民は飾り物に過ぎないという悲観的な見方もある。

このような限界は、イギリスやアメリカでの陪審には見られない。イギリスやアメリカの陪審の評決には、理由が不要であるため、たとえ、評決（有罪か無罪かの判断）が法や判例、裁判官の説示から外れているように見えても、証拠に基づいて判断していると主張される限り、認められる。そのため、これらの国の陪審員の評決は、日本の専門家にとっては、合理性や法的な公平性の観点から不適切であると感じられることもあるだろう。しかし、もしその評決が、法や判例と矛盾を含んでいるにもかかわらず、被告人にとっても了解可能であるならば、それは法的な合理性ではなく、当事者間では理解可能な合理性を備えていると言えるかもしれない。それゆえ、調停などにおいて実践されているように、判例や法との一貫性が必ずしもなくても、関係する人々（被害者・被告人・裁判員・裁判官など）の納得に基づく、当事者間では理解可能なローカルな合理性のある判断を行えるようにすることも、将来的な選択肢の一つであろう。

それはともかくとしても、「判断の仕方も解釈の仕方も決まっているなら、市民の役割は『裁判所的に考えること』になるのか」と極端に悲観的に考える必要はないかもしれない。両者の視点を結ぶものをもう少し探ってみよう。

5　専門家と非専門家からの景色の違いはどこから来るのか

現実的には、専門家と非専門家の対話環境を整えるために、どのようなことができるのであろうか。

これを考えるためには、専門家と非専門家の判断の違いは、どこから来るのかを考えることが重要だろう。日本語の専門家にあたる言葉として、英語には、特別な知識を持った人としての専門家（エキスパート）と、特定の職業を生業としている人としての専門家（プロフェッショナル）がある。この二つの専門性のどちらか一方しか持っていない人もいるが、裁判官のように兼ね備えている場合もある。では、裁判員裁判において、専門家と市民からの景色の違いを生み出しているのは、法律家の、特別な知識を持った人としての専門家性（エキスパート）だろうか、それとも、特定の職業を生業としている人としての専門家性（プロフェッショナル）だろうか。

先に、市民の一部は、責任能力を争う事案において「罪を犯したのだから、責任能力があってもなくても罰を受けるべきではないか」のような考えを持っていることを指摘した。これは、裁判所側にしてみれば、自分たちが判断できる範囲を超えた判断である。筆者と共同研究者は、精神障害についての知識や、刑罰についての知識の知識を与えることが、責任能力判断を求める事案にどのような影響を与えるかを検討した結果、これらの知識を多少教えても、市民の判断が影響されることはないことを明らかにした。実験に用いた事案で有罪だと考えた人の約六分の一は、「罪を犯したのだから、責任能力があってもなくても罰を受けるべきだから」という理由で有罪だと考えていた。このことは、おそらく専門家と非専門家の違いを生み出すものが、単なる知識の有無（エキスパート）だけではない可能性を示唆する。

おそらく、裁判官と裁判員の考え方の違いを生み出すものの一つとして、職業人としての専門性（プロフェッショナル）を考えねばならない。職業人として、一つの評議が終わっても次の評議に関わらなければならない裁判官は、「手続きの公平性／公正性の維持」、「権利や利益の保護の公平性／公正性の維持」、「適正な法制度の維持」を、重視する必要がある。他方で、評議を終えれば「被害者（または／そして被告人）と同様な」一人の市民に戻る裁判員は、「手続きの公平性・公正性の維持」、「権利や利益の保護の公平性」、「適正な法制度の維持」のようなものは、それほど重要性を持たず、逆に、「社会防衛（危険者の排除）」、「被害者と加害者の損得比較」、「公正世界を乱した犯人を処罰することによる公正世界の維持」、「一般的な人への信頼の維持」など、市民生活に密着した動機の方を重要視するだろう。このような両者の文脈の違いが、職業として裁判に関わる裁判官との見方の違いのもとになっている可能性がある。

6　非専門家が裁判員になるのはいつか

このような裁判員と裁判官の視点のズレが健在化するのは、裁判員が市民としての役割のまま評議に参加しているからではないだろうか。多くの人が十分理解していないと思われるが、裁判員に求められるのは、特定の役割と目標を課せられた「裁判員」として発言することであり、市民としてではないと考えることができる。一市民としてなら、「悪い人」は、一生刑務所に入っていてくれればいいし、悪いことをしても「良い人」なら、罪に問わなくてもいいかもしれない。しかし実際に裁判所が裁判員に期待するのは、多くの市民が考えているような「人を裁く」ことではなく、どのような基準で（自分を含む）人の行為を判断するのか、その基準を個々の事案の要請に合わせて策定、あるいは調整し（たとえば、ビルの一〇階から突き落とした場合、殺意があると考えられるかどうか）、それをもとに個々の事案にあてはめての判断すること（ビルの一〇階から突き落としているから殺人と判断できる）だと思われる。

市民としての発言をエンパワーメントすることはたしかに必要だが、裁判所によるキャッチフレーズにあるように「私の視点、私の感覚、私の言葉で参加」しても、「この人、私の直感で有罪だと思います」だけでは困る以上、裁判員が具体的に何を求められているのか、そしてそのことに市民が参加することの意義を、裁判員と事前に十分共有する必要がある。

ただし、裁判官側の対応が、意図しないうちに、市民としての発言を促進する可能性もあるだろう。たとえば、模擬裁判の模擬評議でときどき見られるように、最初に裁判官が「どう感じられましたか」と感想を聞く、あるいは説明なくオープンに聞く場面を考えよう。これは事情がわかった裁判官にとっては、専門家としての適正な役割を促進させるかもしれないが、非専門家である裁判員に対しては市民としての役割や素朴な反応（「そもそも被告人の生き方に問題があったと思います」）や直感的反応（「なんとなく殺意があったと思います」）を意図せず促進しているかもしれない。

7　境界を越えて

ときに、われわれは、境界の向こう側の景色に気づくことさえもできない。市民が裁判員として司法の場に参加することによって、市民と裁判官は、それまで境界の向こう側の人であった人と対話することが求められるようになった。境界を越えた他者と議論するとき、お互いがそれぞれの文脈にとどまって、相手の理解の浅さを嘆き、自分の意見や立場を主張するだけでは議論は進まないだろう。自分がなぜそのように論じようと思うのか、自分の立ち位置や背景としてある目標を相対化して見、それを相手にうまく伝えること、そして相手がどのような背景でもって主張しているのかを理解することが求められる。

まだ制度自体が始まっていないため、現状では、市民側も、裁判員としての振る舞い方、考え方のモデルがないことに戸惑っている。しかし、制度として根付けば、感覚として裁判員の役割や立ち居振る舞い方が、市民のなかに広がるものと期待される。

参考文献

荒川歩（二〇〇七）「裁判員裁判における水平性の構成――裁判員・裁判官のコミュニケーションをどう考える

か?」サトウタツヤ編『ボトムアップな人間関係：心理・教育・福祉・環境・社会の12の現場から』東信堂、七六－九一頁。

藤田政博（二〇〇八）『司法への市民参加の可能性――日本の陪審制度・裁判員制度の実証的研究』有斐閣。

《コラム》科学と社会との対話と協働
――パブリック・エンゲージメントの観点から

須田　英子

近年、科学研究とその実用化をめぐるグローバルな競争の激化が進んでいる。また、科学の高度な専門化・細分化に伴い、その外側にいる者が、そこで行われていることの全容を理解し、それに関わることは容易ではない。しかし時に、社会的営みのひとつである科学研究活動は、市民や社会に、その価値観・生命観を問う問いかけとなり、この問いかけが、突如として現実味を帯びたある種の脅威として社会・市民に迫る存在となることがある。例えば、遺伝子組換え食品の例は、先端科学技術に対する社会的懸念の急速な高まりが顕在化した一例であろう。これは、日々科学に携わる者にはあまり意識されなかった相互の隔絶が突如露呈したケースでもある。

「パブリック・エンゲージメント」(public engagement：科学技術への市民関与、以下PEと略）ということばがある。科学研究・技術開発は社会的課題として、早い段階から社会との間に対話を醸成することが義務として背負わされているとする概念である。近年、研究者・技術者と市民の両者の「参加」だけでなく、「討議・協働」がより重視され、科学研究や技術開発が社会的課題に関わる際に、市民の視点・関心・価値観・問題意識などを取り込もうとする動きが広がっている。

一九九〇年代初め頃から一般市民の科学離れが再三議論され、社会における科学リテラシー向上や、それを下支えする科学コミュニケーション普及のための取り組みが盛んである（文部科学省『科学技術白書（平成一六年版）』）。これらの取り組みは、科学研究および技術開発に市民の視点や価値観を取り入れることを本来の目的とするにもかかわらず、専門的知識の普及により科学に対する理解を促進し、科学研究・技術開発の社会的受容を高めようとする目的志向的傾向が顕著に見られることがある。そのためか、科学研究・技術開発の情報提供により力点が置かれ、双方向的対話に基づく討議・協働への関心は低いように見える。

たしかに、幅広い文脈での情報提供や問題提起は、多分野にわたる専門家たちの重要な役割であろう。しかし同時に、本来ＰＥの意義はそれだけにとどまらず、専門家コミュニティも含めすべての社会セクターとその構成員が、双方向的対話を通して、異なるセクターの人々の認識や問題意識について学ぶ場としての意味を持つ。こうした側面は、特にＰＥに参加する専門家の間で、あまりよく認識されていないようである。その一因として、専門家の間では、市民は科学的専門性が低く、科学研究を理解することが困難であるとの認識が根強いことがあげられる。だが、市民は科学を、個々の立場・経験・関心などに基づき、幅広い社会的文脈の中で「理解」する。生活世界に根差した様式で科学を理解する市民の、幅広い価値観や問題認識の枠組みを学ぶことは、専門家にとっても、社会における科学研究活動の正当性を補完するという重要な意味がある。

また市民にとっても、他者との双方向的対話によって意見・経験を共有し、トピックに関わる学習を行うことを通して、科学技術についての自分の言葉・表現を獲得し、これらを駆使して自身の意見を形成し、これに基づく専門家との討議・協働を可能にする。そのようにして「科学的市民性」を持つ「科学的市民」が育まれてゆく。その彼らと専門家コミュニティや行政との協働は、科学技術に関わる社会的諸問題における民主的な意思決定の妥当性を補完するという意味できわめて重要である。そしてこの協働は、これまで培われてきた人類の共有財産としての科学を真に稔りあるものとするために、社会の中で守り育てるということにつながる、重要な要素なのである。

科学研究・技術開発においてＰＥの位置付けをいま一度再考し、さらなる専門家と市民との双方向的対話に基づく討議・協働への道筋を模索することが、緊急の課題だろう。

第Ⅳ部　境界をひらく

第10章　境界の弾力——保健室から考える

田口　亜紗

はじめに

「保健室は峠の茶屋みたいであればいい」。関東圏内にある中高一貫教育の私立学校で養護教諭をしている明子さん（仮名。三〇代。当校で一〇余年勤続）は、筆者の「明子さんにとっての理想的な保健室とはどのようなものですか」という問いかけにこう答えた。

一九八〇年代頃から新聞や雑誌ではいじめや不登校、自殺など子どもをめぐるさまざまな問題が多く取りあげられるようになった。それにともない、学校の保健室はそのような子どもの問題に対応できると一方では期待され、生徒の溜まり場や逃げ場になるので不要ではないかと一方では否定されている。こうした賛否両論のなか、行政は生徒が居心地良く感じて悩みを打ち明けやすい「心の教室」

として、相談活動という明確な目的を保健室に与えるようになり、制度再編が進んでいる。

筆者は以前から、この「心の教室」が現場でのニーズに沿うものであるのかどうか疑問を持っていたが、そこにヒントを与えてくれたのが冒頭の「峠の茶屋」という言葉だった。なぜなら、「峠の茶屋」という比喩は、行政の言う「心の教室」より恩着せがましさがなく、心を明かす専門家と向き合うよりはむしろ多様な他者に開かれた場所をイメージさせ、保健室の特徴をよくとらえているように思えたからだった。そこで、本章では、筆者が中学校および高校における保健室の参与観察を通して得られた具体的事例から、行政が推し進める「心の教室」について再考し、現場の保健室の可能性の一端に触れてみたい。そして、保健室が、その目的や意味を問うことすら問題ではなくなってしまうほどに多様な声や気遣いに満ちた交流の場として息づいていることこそが、生徒たちの支えになっていることを明らかにしたい。

1　学校保健室の現在

もともと学校の保健室は応急処置をする程度の医療的空間にすぎなかったが、一九八〇年代頃から校内暴力や不登校、いじめ、自殺など子どもをめぐる社会問題が浮上するのにともない、子どもの抱えるさまざまな問題を発見する場として内外から期待されるようになった。九〇年代に入ると、旧文部省の審議会は保健室を生徒の「心の教室」と位置づけ、悩みを打ち明けやすい環境づくりとして「保健室に湯茶セットやぬいぐるみを置いてリラックス空間にする」などの案を出した。また、行政関係者や養護教諭育成者は養護教諭に「カウンセリングマインド」や「カウンセリングスキル」を身につけて生徒の心の問題に応えて相談活動を行なうように呼びかけ、そうしたマインドやスキルを重視した養成カリキュラムが制度化している。

一方で、現場の養護教諭の明子さんは理想の保健室についてこう語っていた。

「疲れたらここ（保健室）に休みにくればいいと思う。息抜きにきてもいいし、遊んだり、ふざけたり、じっと座っていたっていい。でも、そこは生徒にとってはずうっといる場所ではないんだよね。生徒たちは、たいていは教室に帰っていく。あの子たちが帰っていく場所は、学校生活のなかではクラスであり仲間であり、担任なんだな。ここがホームになっちゃいけない。保健室登校で何度も来てた子も、卒業を迎える頃になると担任のもとに戻っていく。それでいいんだよ。なんだかんだで『山あり谷あり』の3年間、『だんごのひとつも食べて、また登ってみよう』って思ってもらえれば。保健室は『峠の茶屋』みたいであればいい。わたしは『峠の茶屋のおばさん』みたいな存在。生徒がちょっと立ち寄れば、わたしもせっかく来たんだからと『お茶』を差し出すの。お茶はあげられないけどね（笑）。その代わりに、体温測っていきなって言う。体温を測る数分のあいだは落ち着いてもらって、おしゃべりして、様子をみる。もちろんいろんな子がいるからね。なかなか教室に戻りたくない子も受け容れたい。『常連客』を拒むこともしたくなかったりするんだな」。

行政の提言する「心の教室」と、明子さんのいう「峠の茶屋」は、どちらもそれぞれの立ち位置から保健室のあるべき姿を表現しているが、その指し示す内容は対極的であるように思う。具体的に言えば、前者は①専門的、②目的が明確、③専門家と素人の一対一の場、であるのにたいして、後者は①素人的、②目的を問わない、③複数の人が集まる場、などの特徴が挙げられる。もちろん、「峠の茶屋」は比喩であるので、保健室が①に挙げたように素人的な場であるはずはないのだが、そうでありながらあえて素人的なものが大事にされていることについて考える必要がある。これらの視点を踏まえて、次の2、3節ではこのような理想を語る明子さんやその代行として勤務する雪子さんの保健室の事例に触れながら、現場の保健室の可能性とは何か、それは「心の教室」や「峠の茶屋」と表現される場所のイメージとどのように重なり合いどのようにずれているのかについて、考えを進めてみたい。

2　積み重なる足跡

行政は、生徒が保健室で心を明かすことのできる居場所としての機能を付与するため、そこに「アットホーム」な雰囲気をつくったり、「暖かい色のカーテン」や「ぬいぐるみ」を置くことなどを提言した。調査先のどこの保健室も、そのような装飾に満ちた空間となっている。

一方、明子さんの保健室に飾られているぬいぐるみや小物の多くは、保健室によくきていた生徒の母親が、子どもが世話になったお礼にと養護教諭にプレゼントしたものであった。その他、生徒が友達と撮ったプリクラや、落書き、絵、詩、折り紙などが保健室の壁や養護教諭の執務机、文房具などに置かれている。具体的な事例で言えば、二〇〇六年二月には、男子生徒の野崎さん（仮名。当時高校二年生）がお茶と書き置きを残していった。その時期、明子さんは産休であったため、代行として雪子さん（仮名。当時二〇代前半。これまで二、三の学校で代行勤務を経験）が当校の保健室に勤めていた。雪子さんによれば、先日ジョギングで足をくじいた野崎さんが雪子さんの貸した松葉杖を保健室に返しに来た際、雪子さんは保健室を空けていたので、野崎さんは松葉杖にペットボトルのお茶一本と書き置きを添えていったそうだ。そこには「松葉杖、必要なくなりました！　置いておきましたがヨロシク！　カゼが流行っているのでお茶を飲みましょう　野崎」とあり、雪子さんへの感謝の気持ちが示されている。この書き置きを読んで雪子さんは野崎さんの回復と気遣いを喜び、退職日まで机のシートに挟んでいたため、後日、それは前述したぬいぐるみやプリクラと同様に保健室を彩る断片のひとつになった。そして、保健室に来室した他の生徒は、それを見てはあの子はこんなこともするんだと感心したり意外だと反応したりしていた。

保健室で、生徒たちはあちこちに置かれた物やメッセージを時にじっと、時にさりげなくみつめながら、過去の来室者と対話し、直接会うことのないその生徒たちの生を想像する。それらは、悩み事を明かしてもらう相談活動という目的から離れ、それぞれの生徒にとっての対話の相手として、そこにある。つまり、行政の言う心の教室への呼び水としてのグッズとは違い、実際の保健室に残されていった言葉や物は、個別の顔や歴史が滲《にじ》む、別の生徒や養護教諭へ差し出された贈り物であり、保健室は行政の提言に影響を受けながらもそこを利用する人々によって現在進行形でかたちづくられていることがわかる。

3　養護教諭を模倣する

次は、主に生徒の保健室での振る舞いに注目した事例である。同年六月、女子生徒の露木さん（仮名。当時高校三年生）がいつものように保健室にやって来た。露木さんはメガネをかけたふくよかな生徒さんで、時折文脈から自由な発言をするなど、人間関係やコミュニケーションに不器用なところがあって同学年の友達とうまくいかない悩みなどについて話をしに、よく保健室にやって来る。また、世話好きで具合の悪いクラスメートをよく保健室に連れてきてくれ、休み時間ごとにその子の様子を見に来ては彼女たちに「がんばりすぎなんだよー。もっと自分大事にしな」などと声をかけ、明子さんや雪子さんにその生徒が抱える現状を伝えて教室に戻っていく。保健室の隣の相談室でも中学生の後輩の面倒をみて後輩に慕われている露木さんである。頻繁に来ることが多いので、問題がなさそうであれば明子さんや雪子さんは露木さんをそのままにしておくなど臨機応変に対応をしているが、そのように来室回数を重ねていくうちに、露木さんは明子さんたちのやり方を見真似て、やがてすっかり養護教諭らしい声掛けや身振りを身につけるようになった。

産休と育児休業から復帰して数ヶ月経っていた明子さんは昼休みで不在中だった。そこへお昼を済ませた露木さんが保健室のなかをいつものようにうろうろしていると、下級生の女子生徒（当時高校一年生）が来室した。露木さんはその女子生徒に「どしたー。頭痛い？」と声をかけると「そうです。よくわかりましたね」と丁寧な言葉遣いでその生徒は答える。露木さんは「じゃあまずここに座って、これ（体温計）で熱測りな。で、少し休んでな。それでダメなら明ちゃん呼んで来るから」とてきぱきと対応する。次いで別の男子生徒二人（当時中学生）が来室し、片方の生徒がもう片方の生徒にこう言った。「こないだ体重測ったけど、ちゃんと増えてなかった。もう一つメシ買おうかな」。日々の成長具合が気になるようで、露木さんを養護教諭の代理として認識しているその男子生徒が「あのー。背ぇ測っていいですか？」と伺いをたてると、露木さんは「いちいち言わなくていいから。あごひいてー。いいよー」と、慣れた手つきで身長計を操作し男子生徒に今日の数値を告げてやる。その後体重計を測り終えてなお保健室に居残ろうとする生徒たちに、露木さんは「もー。用がないんならさっさと帰る！」と追い出すが、一方の自分は当たり前のように保健室に留まっていた。

露木さんは廊下で会うとたいてい一人で歩いている。筆者が当校で授業見学をした際にも、教室内で大勢のクラスメートと交わっている様子がない。しかし、保健室では自分の愚痴を聞いてもらいに来たり、クラスメートや後輩の世話を焼いたり相談に乗ったり励ましたりと、明子さんの代理役を果たすことのなかで大活躍し、生き生きと過ごしている。それは養護教諭のやり方を真似た単なるごっこ遊びではない。養護教諭として振る舞うなかで、体重計を測ったり体温計を差し出すことをきっかけにして、普段あまり話しかける機会がない生徒たちとのコミュニケーションを楽しんでいるのだ。このように、保健室での露木さんは、時に生徒としてよりは養護教諭の役割を纏《まと》うことで他の生徒たちと関わり、それを自分にとって意味あるものとして味わっている。

行政の提言では、スキルを磨いた専門家の重要性が説かれていたが、そこではカウンセリングが目的化し、専門家とクライアントという役割関係が強固になる。それにたいして、この事例では、専門家の役割が柔軟に換骨奪胎され、生徒は別のかたちで人間関係を築いたり普段とは違った役割を果たすことができる。明子さんは、不在ではなく自身が保健室にいるときにも、自分の役割を代行させて、露木さんの手を借りている。このように、柔軟に役割が纏われたり重なり合ったりと、関係者の役割関係を強固にするよりはむしろしばしば希薄にするのが、「峠の茶屋」を理想とする明子さんの保健室であった。

4　保健室という文脈のなかで

ここでは、2、3節で挙げた事例から、保健室の果たす効果について整理してみたい。

2節の事例では、生徒や母親たちがお世話になったことのお礼を言ったり贈り物をしたりしていたが、それは、保健室だけではなく他の空間や関係性のなかにも現れる日常的な人間の所作だろう。しかし、筆者が学校内の授業を見学したり一緒に生徒たちのイベントに参加したりしたなかで、保健室ほど贈り物にあふれた場所はなかった。なぜだろうか。養護教諭としての雪子さんと野崎さんとの貸し借りやお礼のやりとりは、二者のあいだでの出来事に終わらずに、書き置きが残されたことによって別の他者に見聞きされていった。保健室は、多くの生徒たちが痛みや苦悩を経験して来室する場所であるため、医療備品の貸与がなされ、そのことへの返礼がなされやすい。その行為がおのずと保健室に彩りを添え、そこは以前来室した生徒たちの思いや振る舞いに触れる場所にもなりえていた。そのように、過去の生徒の足跡に現在の生徒が触れ、過去になされた配慮のかたちが別の生徒に伝染していくのが保健室の特徴のひとつであるため、他の空間よりも、個々の物語を秘めたお礼や贈り物が置かれる場所となるのだろう。とりわけ、「いろんな子も受け容れたい」と考える明子さんが勤務する「峠の茶屋」のような保健室では、敷居が低いため目的が厳密に問われず多くの生徒たちが入り交わる雰囲気が形成されており、在校生や卒業生の声は地層のように重なり、保健室に集積する足跡は日々その厚みを増してゆく。

3節の露木さんの例では、露木さんは養護教諭の振る舞いをまねて、下級生への簡単な健康管理業務を担っていた。保健室では、生徒に労りの言葉をかけたり体温計や体重計を用いたりするというコミュニケーションの形式が場の対話を進行させる文脈として働いているため、その文脈に乗りながら露木さんは他の生徒とのコミュニケーションをしていた。一方、教室空間では、生徒は教師やクラスメートという役割関係のなかで他者との関係性が取り結ばれているために、教師と生徒の関係性が強く保持されて、役割の転倒が生じるようなコミュニケーションを結びづらい。そのような教室空間を離れ、他者へのケアをきっかけとした関係を紡《つむ》ぐことがたやすい保健室で、露木さんは教室空間での人間関係から自由になり、後輩を含めた複数の生徒たちとの別の関わり方をみつけた。会話の文脈を取り違えることなどが原因で友達とぎくしゃくしがちであることを相談に来る露木さんであったが、保健室という場の文脈をしなやかに身につけ、他者への配慮を欠かさず関係性の網のなかに日々飛び込む露木さんは、保健室に育まれたもうひとりの露木さんであり、その姿は逞しくさえあった。

2節の事例も3節の事例も共通しているのは、保健室に訪れる生徒たちが、そこで自分以外の来室者や養護教諭たちと直接的にであれ間接的にであれ交流し、違う自分を備えていくことにある。こうしたお礼のやりとりや、他者への想像、役割の矮小化や転倒、重複、越境を保障しているところに、多様な生徒や問題を引き受け、生徒を成長させていく保健室の意義の一端を見出すことができる。

おわりに

1節で述べたように、もともと保健室は「医療空間」という目的しか設けられていなかった。近年では「心の教室」というカウンセリングを目的とする空間づくりが進められている。不登校生徒に対応できるように、登校拒否の生徒のための「学習の場」としても期待されている。しかし、これまで見てきた保健室の意義は、そうした確固たる規定で括られるような機能の外部にある。そのような外部をを境界と呼び変えることもできるだろう。そこは明確な目的が書き込まれていない余白、あるいは目的が複数に重なり合う不明瞭で厚みある境界領域である。

現場の保健室に身を置いていると、行政が推進するような、目的を明確にした空間づくりや高度な専門性の導入は、境界領域としての保健室の可能性を逆に狭めてしまうのではないかとすら思う。現場の保健室は、そこにいる養護教諭や生徒たち、担任やその他の教員たちが日々生じる問題や物事に向き合える場所として使っていたり、一貫した役割や目的に拠らずに、逆に役割や目的を曖昧にしながら、あれこれと話し合いをしたり配慮を交わし合う時間と場所が積み重ねられている。そこにこそ、保健室の意義があるように感じるのだ。なぜなら、そのことによって、事例の露木さんのような生徒が、明確な来室目的を問われないままにそこを利用することができ、他の生徒たちが集まる保健室でのコミュニケーションに大きな救いを得ていたようにみえたからである。

ところで、現場の看護師であり臨床哲学の研究者でもある西川勝氏によれば、近年のトラウマ研究では「弾性」（レジリアンシー）という用語が使われているという。たとえば、ガラスが弾力性のあるニットに包まれると壊れにくいように、心が壊れやすい人を支える弾性の意義が注目されてきている。現実社会に置き換えれば、ニットは人を網の目のように取り巻く多様な関係性であり、人はそこに支えられて生きていくのだ（西川、二〇〇七）。ここで表現される「弾性」は、これまでみてきた雑多な声やお礼、メッセージなどで厚みを増した保健室の特徴を示すものとしてとらえられないだろうか。事例にみた保健室は、さまざまな人による多様な利用を受けとめる懐の深さを持っていた。そこは、ハードな人間関係や問題へのクッションとなるような場であり、さまざまな人の声にあふれた弾力ある場所であった。そこでは、通常の秩序体系や役割から離れた別のかたちの出会いがあり、友愛や配慮が生まれては引き継がれ、自分や他人の他者性を発見することができる。そのような保健室は、さまざまな苦悩や問題を抱える生徒にとっての生きられる場といえるのではないだろうか。ニットが複数の糸によって編まれれば編まれるほどその弾力を高めるように、保健室に雑多性や他者性が溢れれば溢れるほど、そこはその弾力をいっそう増してゆくだろう。

参考文献

小馬徹（二〇〇〇）『贈り物と交換の文化人類学』御茶の水書房。
西川勝（二〇〇七）『ためらいの看護——臨床日誌から』岩波書店。

〔付記〕調査先の学校関係者の皆様、とりわけ養護教諭の先生方にはお忙しいなか時間を割いていただき、ご理解とご尽力、そして励ましのお言葉をたくさん賜りました。また、保健室や養護教諭について「専門性」という視点から考察する機会を与えてくださった浮ヶ谷幸代さんをはじめとする日本文化人類学会分科会「専門性とは何か」のメンバーの方々には貴重なご意見を度々頂戴いたしました。心よりお礼申し上げます。

第11章　境界を操る／境界に操られる建造物
――鴨緑江の回転橋

谷川 竜一

1　国境へ向かう列車から

〝今は娯楽の時間です〟

車内アナウンスが流れ、落語の放送が始まった。通路の向かいに座る公安のお兄さんは携帯電話で音楽を聴き、その横ではクワズ（ひまわりの種）を食べるおじさんがいる。向かいには派手な赤い服を着たおばさんが居眠りをし、その奥の席ではタバコを吸いながらにぎやかにカードゲームをする男たち。瀋陽を夕方出発した列車は、晩秋の夜の帳が降りた炭鉱都市を縫うように走っていく。ここは中国東北地方の遼東半島の付け根、中国・朝鮮民主主義人民共和国（以下、北朝鮮）の国境都市丹東へと向かう列車の中だ。

「普段はそんなに旅行はしないんだけど、今回は瀋陽に用事があって、ついでに北朝鮮に行くようにしたんだ。金剛山に行くよ」。

私の席の向かいに座る張さん夫婦は四〇代後半くらいだろうか。フフホトに住む、炭鉱会社の経営者である。

一九四五（昭和二〇）年以前、この丹東（旧安東。以下、戦前の丹東を指す場合は安東を用いる）・瀋陽（旧奉天）を結ぶ列車は安奉線と呼ばれていた。そもそもの起源は日露戦争時に日本が敷設した軍用鉄道であり、一九〇九年から一九一一年にかけて南満洲鉄道会社によって広軌鉄道に「改築」されたものである。戦前の日本人たちは自由に鉄道で国境河川である鴨緑江を渡り、朝鮮から満洲へと入ってこの安奉線に乗り換えて、北上して行くことができた。周知の通り、日本人や韓国人（北朝鮮の人々も）は現在、そうやすやすとこの境界を越えることはできない。一方、中国人である張さん夫婦は、出張の「ついでに」北朝鮮を訪れる気軽さだ。日本の敗戦や朝鮮戦争など、二〇世紀半ばの時代の境界となるような事件の前後で、空間的境界を通して峻別される場所と人々、そしてその意味が変化したのである。本章では、この鴨緑江に架かる一つの鉄橋の歴史をテーマに、越えられない／越えていける、空間的境界としての国境を照射する。それを通して、我々の生きる空間、あるいは我々一人ひとりが、建造物というモノによって統合と峻別の力に絶えずさらされている現実を浮かび上がらせながら、境界を操作し、時に境界によって操作される建造物の可能性と限界を描き出したい。

2　鴨緑江橋梁の建設

日露戦争中の一九〇四（明治三七）年七月、鴨緑江の河口付近で最も狭くなっている場所が、架橋地点として日本軍の鉄道監部によって選ばれ、橋梁の建設が計画された。鴨緑江橋梁は当初、急ピッチで敷設された朝鮮半島を縦貫する京釜鉄道（京城・釜山）、および京義鉄道（京城・新義州）と、それと接続し満洲へと兵士と物資を運ぶ兵站線である安奉線を結びあわせる橋梁として、重視されていたのである。後に釜山に上陸した一般の日本人たちは、京釜線で京城（現ソウル）を経て、次に京義線で新義州まで北上し、朝鮮・満洲国境を流れる鴨緑江を渡って、満洲側の安東へと入った。そして安奉線で奉天へ向かった後、ある者は新京（現長春）を、ある者はハルピンを目指した。そしてさらにロシアに列車で入れば、あとはシベリア鉄道でヨーロッパまで一直線だ。日本ではこの一連の路線を「欧亜連絡路」、あるいは「世界交通路」として捉え、安奉線や鴨緑江橋梁の建設を「世界交通」を完成させる最後のピースとして喧伝し、清にもその意味を押しつけて建設を強行した。つまり、日本の満洲進出を支えるものでありながら、「世界交通」という玉虫色の論理で建設を推し進めていたのである。

橋梁は長さ約一キロメートルで、単線鉄道橋（甲案）、複線鉄道橋（乙案）、単線鉄道橋の両側に人道を付設したもの（丙案）の三案が用意されていた。乙案は、将来的には複線橋を見越しながらも、当初は複線のうち一本を軍用車両の通行可能な人道橋にする案として浮上しており、日本軍部はその乙案か、あるいは最初から人道橋を付設した丙案を秤にかけていた。そして特に日露戦争以後は、資金も逼迫《ひっぱく》していたことから、二案を絞り込むには橋の建設費が決定要因となった。ここで費用と労力を抑えるためには、できるだけ橋脚間のスパンを飛ばし、水中工事を必要とする橋脚の数を減らした方がよい。ところが、乙案では重量のある機関車や貨物車が複線を行き交うため、丙案と同じスパンでもより強固な橋桁とそれを支える丈夫な橋脚が必要となる。その結果乙案は丙案よりも四〇万円程度高くなってしまったために、丙案による建設が決定されたのであった。

次に課題となったのは二つの技術的問題であった。一つは橋桁、特に鋼材部分（トラスや桁・梁）の設計・製作・施工であり、もう一つは流れが速く深い鴨緑江に、いかにして堅固な橋脚を築くかということであった。

当時、鋼材に関する日本の技術力は高くなく、技術的な不安を抱えていた。にもかかわらず建設費中で最も予算が割かれる部分は鋼材部分であったため、一九〇五年末の段階で結局アメリカに設計を外注して前者の問題を回避すると同時に、できた設計案をそのままアメリカの鋼材製造者に回送した。設計に加えて材料をもアメリカで調達することで、建設のリスクを下げると同時にスピードアップが図られたのである。ただし、この一連の設計がそう簡単に進んだわけではない。というのも、大河川である鴨緑江は伝統的に重要な交易路であり、行き交う清の多くのジャンク（帆船）は四〇尺（約一二メートル）ほどの帆柱を持ち、中には七〇尺（約二一メートル）に及ぶものもあった。鴨緑江の河口に近い建設地点は、潮汐の影響も受けるために、帆柱が桁にぶつからないようにするには、橋脚の高さをかなり上げなくてはならない。だがそうすれば河岸のすぐ側にある満洲側・安東および朝鮮側・新義州の駅と橋梁との高低差ができすぎてしまう。従ってここでは最大満潮時に一般的なジャンクの往来を妨げないことで「よし」とし、それ以上の帆柱を持つジャンクが通れなくなることはやむを得ない、としたのである。当時日本は清に対して強い態度で臨んでいた。安奉線は「改築」と称しつつも、法的な根拠を持たない大がかりな沿線開発の姿を呈していたし、安東では駅周辺が市街地として碁盤の目状に計画され、鉄道を中心とした植民地支配が既成事実化していた。その中で朝鮮から満洲への重要な接続点である橋梁の建設は、日本の帝国主義的な野心に裏打ちされ、強引に進められたのである。ところが、思いもかけない反対が巻き起こった。それはイギリス（厳密にはアメリカも含む）からの、橋梁形態と建設地点に関する反対であった。

在北京日本公使館の林公使宛に、同北京のイギリス公使館J・ジョーダンから寄せられた意見書は次の二点からなっている。①安東側の架橋地点は、旧市街としてあった安東清国人街と各国居留予定地の下流に位置しているために、海へ出る船舶の交通を阻害し、通商並びに航海上の利益を損ねる、②旧市街以南の場所は橋梁付近を含めて日本が買収しており、ジャンクや汽船による貿易を損ね、「世界列国」に対して通商上の機会均等を求めた日本本国の意見と矛盾している、というものであった。そしてこの問題を解決するために、橋梁を開閉式にするか、あるいは建設地点を清国人街と各国居留

写真1　回転する鴨緑江橋梁

（山本三生編（1930）『日本地理大系 第十二巻 朝鮮篇』改造社）

予定地の上流へ変更せよ、というのである。一説によるとイギリスは橋梁ができると駆逐艦を鴨緑江に遡航させることができなくなるために反対したとも言われているが、その真偽ははっきりしない。それはともかくこの意見は日本にとってかなりやっかいで、列強を相手に対清交渉のように強硬に振る舞うわけにもいかず、まして建設地点を変更することは、川の両側までやって来ている安奉線や京義線の関係上不可能であった。その結果一九〇八年一一月に設計変更の閣議決定がなされ、橋梁は回転橋として再設計されることとなった。鴨緑江を越えた満洲の地は、台湾のような日本の植民地でも、日露戦争後の朝鮮半島のように日本が力で囲い込んだ場所でもなく、列強の思惑が相互にぶつかり合い、様々な駆け引きが行われる場所であったのである。

さて、もう一つの技術的課題であった橋脚の水中工事であるが、ここでは水中に巨大な函を沈め、その中で作業を行いながら基礎部分をダイレクトに施工する、ニューマチックケーソン工法という新しい手法が取り入れられている。先例として横浜築港で一九〇二年に取り入れられた後は、帝国内では一度も試されていない手法であり、経験が浅いものであったにもかかわらず、取り入れることができたのであるが、それは一体なぜだろうか。そのキーパーソンとしてあげられるのは、楊国棟なる清国人である。楊は清国人苦力（クーリー）たちを率いた請負の親分であり、イギリスとロシアの利権争いでもあった清における京奉鉄道の敷設の際に、イギリス人技師の下で同工事を成功した実績を持っていた。彼は英語を話すことができた上、イギリス人技師他からもお墨付きをもらっており、日本は楊の技術を利用することでニューマチックケーソン工事を完遂することができたのである。しかし実際の工事は成功と記録されているものの、その施工方法は日本内地にはその後しばらくの間導入されていない。水中工事であるために、潜水病などのリスクが高かったことが忌避された理由の一つであったことを考えれば、この鴨緑江橋梁において清国人苦力たちにそのリスクのしわ寄せがいったとも言える。しかも実際に函内人夫たちの労賃は、一般の清国人人夫の二割増し程度であり、日本人大工と比べれば三分の一程度であった。ここにすでに植民地的な建設構造が垣間見ることができよう。ただし、これのみに注目するのはやや一面的であり、先に述べた楊国棟のように、列強の利権争いでもまれる中で技術を蓄積した人々がいたことや、当時の満洲という土壌がそうした国際的な技術が行き交う場であったことも同様に注目をされてい

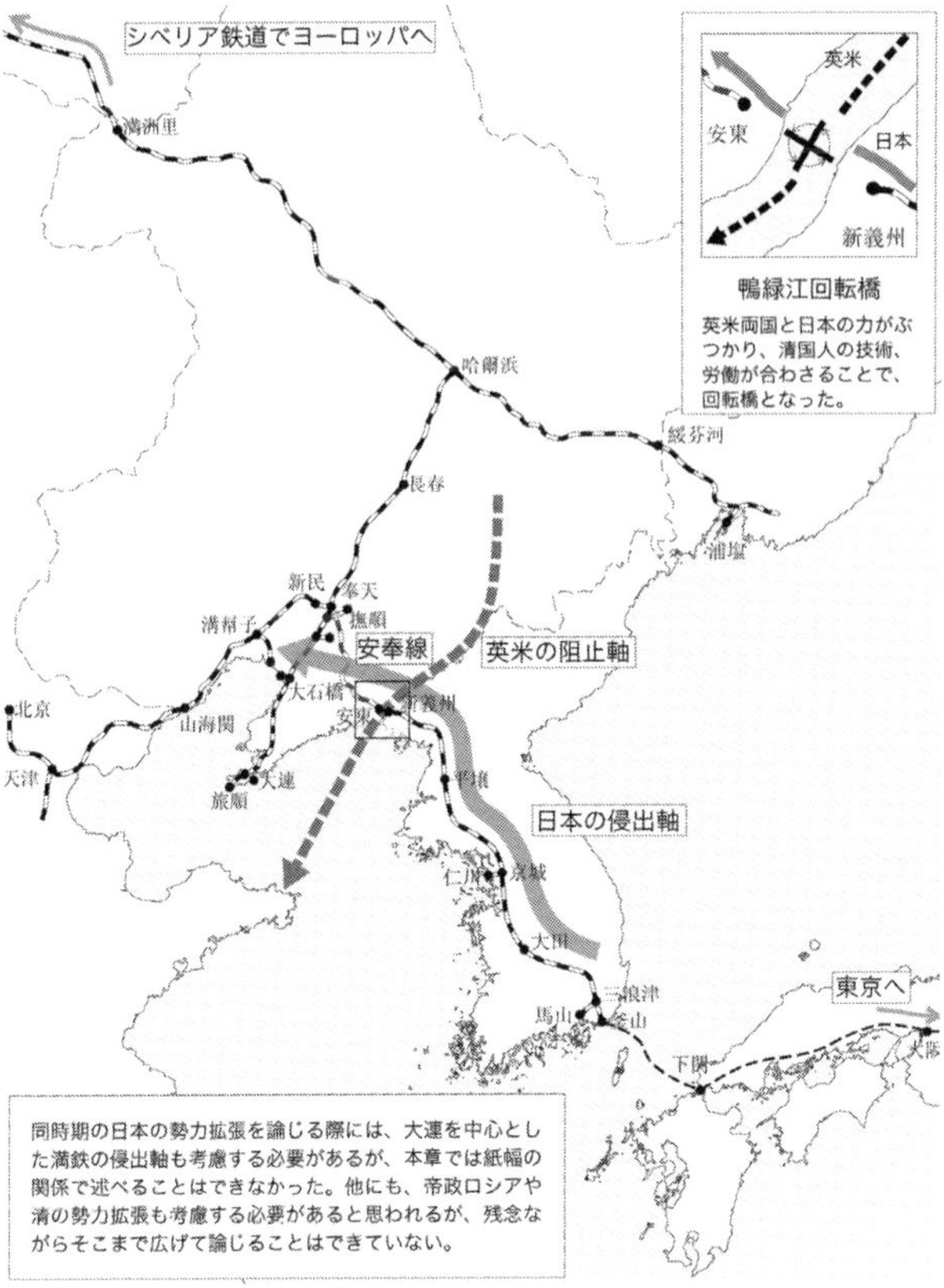

図1　鴨緑江で交差する二つの軸（筆者作成）

い。鴨緑江橋梁はこうして、一九一一（明治四四）年一〇月三一日、辛亥革命のただ中に竣工した。橋は一日に四回、ジャンクのために水平方向にぐるりと回る、ダイナミックな回転橋である。この回転こそが、日本が「世界交通」を謳いながら建設を強行する一方で、英米や清の思惑という別の「世界交通」の力によって遮断された結果なのであった。より皮肉めかして言えば、一日に四回回ることで、日本の満洲進出は一日に四回、鴨緑江橋梁を境界として交差する、列強の覇権の力に目に見えて挫かれることとなったのである。

3　往来する人々、共振する都市空間

鴨緑江は、伝統的に清と朝鮮を分かつ国境として扱われてきた。だが清朝末期には鴨緑江の満洲側に朝鮮人たちが徐々に越境してきており、そうした越境した人々が自分たちの生活環境を朝鮮政府に保護してもらうために、自主的に境界の策定とそれによる保護を求めたという研究も近年出てきている。こうした既往研究に鑑みれば、鴨緑江という「境界」が、単に近代という時代性の下で強引に引かれ、国家の輪郭線として上から人々を峻別したのだとするような先入観は禁物である。ただし、これまで述べてきた日本の帝国主義的な野心や、植民地支配に準じるような背景の下で、近代的な現象として の境界が立ち現れてきたことも事実である。ここでは空間的な境界以外に、橋が担ったもう一つの近代的な境界要素を指摘しておきたい。

鴨緑江橋梁が完成して間もない一九一三（大正二）年に、そこを渡った旅行者の感想が『読売新聞』の六月一七日版にある。

「（新義州から：谷川注）朝旅館を出て砂漠のやうな砂原を行くと、そこに鴨緑江の鉄橋！　これが

日本と外国の境、これを渡れば、僕の靴は隣邦の地を踏むのである。（中略）欧亜連絡の第一関門、僕は一歩一歩微な靴の音をたのしみながら進んだ。（中略）かくて対岸の安東県に達する。達すると、すぐ之から満洲時で日本より一時間遅れてゐる。新義州で昼餐をすましても安東県ではまだ昼餐前なのである。それから再び新義州へ帰らうと鉄橋の前まで来ると、赤い旗が立つて通さない、通行者はゴヤゴヤと集まつてゐる。今、回転中なのであった。（中略）やがてすつかりもとの通りになる。また呼子が聞える。すると、両岸の橋の袂に待つてゐる一群は雪崩のやうに渡りかける。日本の軍人、チャンコロ、ヨボ、女、——明治四十二年の八月に起工し同年の十月に橋桁工事の建設を終へた以来、かくの如くして国境は往来されるやうになつた」。

空間的な境界を越えるということが、ここでは同時に時間帯を移動すること、つまり時差として捉えられている。一九一〇（明治四三）年に日本が韓国を併合して帝国の版図に繰り入れた後は、鴨緑江橋梁を渡ることが、大日本帝国の時間帯から清国側の時間帯に入ることを意味し、そこを渡る人々に、そこが帝国の周縁の地であることを意識させたのである。一方、帝国の時間帯を意識することは、世界的な視野で時間帯を把握することに他ならない。つまりイギリスのグリニッジを中心とした地理的、時間的差異の認識を人々に喚起することとなった。鴨緑江橋梁は、大日本帝国の空間・時間を際だたせる境界装置として機能していたのである。

とはいえ、境界を結ぶ建造物であるがゆえの、物理的な側面も見逃すべきではない。ここに一枚の

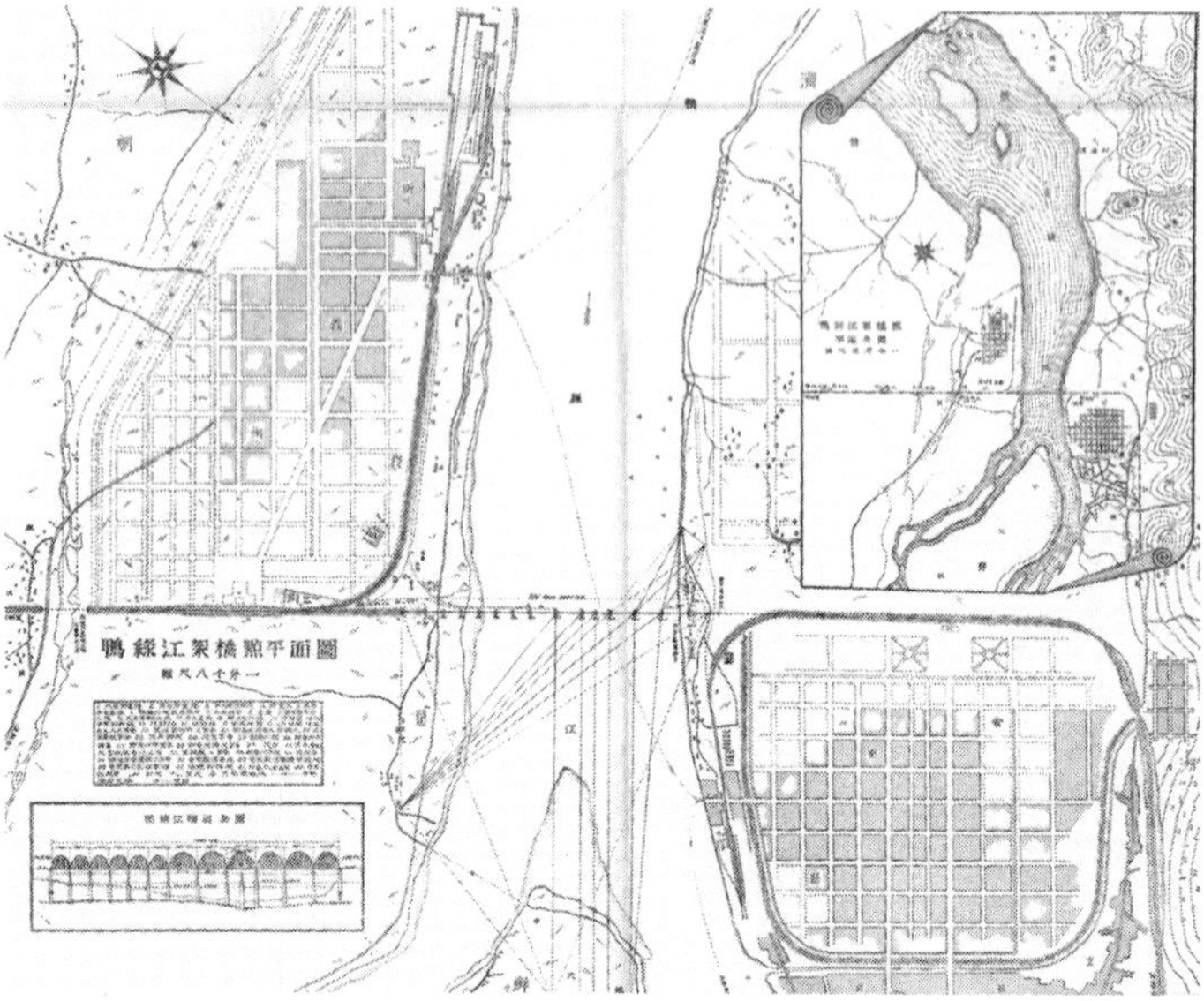

図2　鴨緑江架橋点平面図（左：新義州、右：安東）
（朝鮮総督府鉄道局（1912）「鴨緑江橋梁工事報告附属図面」）

計画図があるが、それによれば安東・新義州ともに新市街が強く同方向を向いた街区構造をなしていることに気づくだろう。鉄道の方向に規定されている、と言ってもいいが、鉄道は鴨緑江橋梁の架橋地点が最優先されて敷設されたのであり、換言すれば安東・新義州の街区構造は、鴨緑江橋梁が決定した、と言ってもいいだろう。両都市の碁盤の目状の新市街は日本の計画によるものであり、鴨緑江上流から流れてくる筏材のための貯木場や工場などを抱え、製材・製紙業も共通していた。二つの都市は鴨緑江という境界を挟んで向き合いながら、鴨緑江橋梁によって空間的に統合された双子都市として成長していったのである。そして一九三四（昭和九）年のある一日には、一万人以上の人々が川を渡り、自転車が延べ四〇〇〇台以上、自動車が延べ五〇台も往来することとなり、春の花見のシーズンには二万人以上の人々が橋を渡ったという。行き来を始めた人々の中には、上の新聞内で蔑称で記されていたように、清国人や朝鮮人も多く含まれていただろう。朝鮮側と満洲側を帝国の内外として明確に分かちながらも、互いに浸透し、共振し合う都市空間を生み出すものとして鴨緑江橋梁は機能した。そして鴨緑江の上流に一九四一（昭和一六）年に世界最大級の水力発電用ダムである水豊ダムが稼働し始めると、鴨緑江は冬期に凍結しなくなり、氷上を歩いて渡河することが不可能になった。こうして橋梁の重要性はますます増していったのである。

4　境界を操る／境界に操られる建造物

さて、ここまで鴨緑江橋梁の設計・施工、竣工後の様子・機能を駆け足で見てきた。そこでは橋梁の建設は、一九世紀末から列強が清において繰り広げてきた覇権争いの技術的「遺産」を利用できる国際的環境のただ中にあった、ということが浮かび上がった。その中で日本は「世界交通」という玉虫色の謳い文句を喧伝することで建設を後押しした。だが、橋は皮肉にも英米という別の「世界交通」の力によって、一時的に遮断される構造を余儀なくされた。鴨緑江の回転橋は、この二つの互いに切り合う境界が具現化したものであったのである。

他方で、竣工後の橋梁を行き来する人々に対して、橋梁は日本の帝国領土の周縁を意識させると同時に、清と日本の時間帯を意識させる装置としても機能した。それは人々を国家で峻別し、時間通り進む生活へと駆り立てる、近代的な空間と時間の認識装置として橋梁が働いていたことを示している。そしてそこを行き来する人々が増えていく中で、両岸の都市が、新市街を中心によく似た構造の都市として、空間的に接続・浸透するように発展していった。それらは何にもまして、建設された鴨緑江橋梁に規定され、支えられていた。

これらを考えれば、その橋としての機能は、拮抗する覇権の境界を動的に可視化するだけでなく、境界による分断を繋ぎとめ、空間的に浸透させながら双子都市を川の両岸に根付かせた。そして同時に、往来する人々に相互の差異をより大きな布置の下で認識させることに成功したのである。つまり、鴨緑江橋梁は、境界を造って差異化し、境界をまたいで統合を進める、という一見アンビバレントな条件を解決していた。その結果鴨緑江という伝統的な境界が、膨張を志向する大日本帝国の、近代的かつ空間的、時間的境界として完成したのである。

だが、すぐさま付け加えなければならないのは、こうした境界／越境装置としての橋梁の建設は、当初は満洲への進出、あるいはロシアの報復戦を恐れる日本軍の主導で行われたのであって、そこで謳われた「公益」を装う「世界交通」が、膨張する帝国の隠れ蓑であったことであり、建設の現場では内地にすぐに還元できないようなハイリスクな工事を清国人に押しつけることで、建設が可能となったことである。こうした「近代化」はもちろん批判されてしかるべきものであろう。しかし、この種の批判に終わるのではなく、最後に我々はこの橋が提供するより興味深い事例を検討しながら、境界に掛け渡された建造物があかし立てるさらに根源的な問題に、一歩を踏み出したい。

写真2　鴨緑江橋梁の切断部分（筆者撮影）

鴨緑江橋梁が、日本が満洲を攻略し同時に統合するための一つの進出軸を示すものであったとすれば、この橋が後にたどる運命は予期できるものですらあった。というのも、まず英米の権益を守るために実現された回転という機能は、当然ながら大日本帝国にとっては必要のないものであり、実際一九三四年に回転部の橋脚の破損も著しかったために、旋回を中止した。英米両国はこの時も日本側に異議を申し立てたが、この時点ではすでに東アジアにおける日本の覇権が確立しており、日本はそれを無視した。一方、橋のもう一つの運命は、この橋の境界性を知る上でさらに示唆的である。というのも、日本の敗戦後、この地域では朝鮮戦争が勃発した。そして一九五〇（昭和二五）年一一月八日にアメリカ軍がこの橋梁に対して絨毯爆撃を加え、橋を切り落としてしまったのである。中国から軍事的な支援を受けていた北朝鮮を、中国から空間的に断ち切るためであり、これは鴨緑江橋梁によって中国と北朝鮮が一体的な圏域としてあることを、アメリカが意識していたことを物語っている。そして橋は今も切断されたまま「鴨緑江断橋」として保存されている。それは中国と北朝鮮の友好を記念し、日本の植民地支配を断罪すると同時に、アメリカ軍の暴力を記憶にとどめるための場として、現在も機能している。植民地支配や戦争、イデオロギーによる分断と統合の力にさらされながら、境界は造り出されては壊され、そして再び新たな形で鴨緑江に生み出されたのである。その中で橋は境界を操作すると同時に、自らが造りあげた境界意識によって逆に破壊された。しかも「つなげる」という橋の機能がゆえに、破壊されてもなおその廃墟が、つながりを再び生み出している。我々は境界をまたぐ橋梁が壊れてもなお、橋梁の力に、あこがれ、それを操り、操られているのだ。

丹東に列車が到着したのは、夜九時をまわっていた。冒頭で私の向かいに座っていた張さん夫婦は、列車が丹東に到着した翌日、目と鼻の先にある新義州に渡れない私を尻目に、軽々と鴨緑江を渡り北朝鮮へと旅を進めていった。

参考文献

朝鮮総督府鉄道局（一九一二）『鴨緑江橋梁工事報告』。

朝鮮総督府鉄道局（一九一二）『鴨緑江橋梁工事報告附属図面』。

間組百年史編纂委員会（一九八九）『間組百年史　1889―1945』株式会社間組。

井上勇一（一九九〇）『鉄道ゲージが変えた現代史』中央公論社。

北岡伸一（一九七八）『日本陸軍と大陸政策』東京大学出版会。

谷川竜一（二〇〇八）『日本植民地とその境界における建造物に関する歴史的研究――一八六七年～一九五三年の日本と朝鮮半島を中心として――』東京大学大学院工学系研究科学位論文。

シュミット、アンドレ（二〇〇七）『帝国のはざまで』（糟谷憲一・並木真人・月脚達彦・林雄介訳）、名古屋大学出版会。

山本三生編（一九三〇）『日本地理大系　第十二巻　朝鮮篇』改造社。

＊本研究は、トヨタ財団「くらしといのちの豊かさをもとめて」二〇〇七年度研究助成、『越境する技術者、滞留する建造物、そして建物と向き合う力――旧日本植民地及び対アジア戦後賠償における空間建設史』（谷川竜一）における研究成果の一部である。

第12章　「境界」づけられた現場をひらく

内藤　順子

はじめに

わたしにはマリーというあだ名がある。研究上の仲間のあいだで冗談交じりに使用されるもので、マリー・アントワネット王妃に由来する。そのこころは、「パンがなければお菓子を食べたらいいじゃない」とでもいいそうな雰囲気で貧困研究をしているイメージらしい。王妃がこの発言をしたかどうかの真偽はここでは問題にしないが、仮にそうだったとして、彼女は王妃として国を守り民を想う資質に欠けており、あまりに能天気で空気の読めないその発言は、ただでさえ王政に不満をもつ庶民の感情を逆なでするのに十分に無知であったということだ。しかし、これをたんに暮らしぶりの異なる環境で育った人間の、異文化に対する無知ととらえるなら、つまり王妃の事情と彼女が置かれた文脈だけを考えるなら無理からぬ発言ともいえる。自分が当然だと思っている選択肢が選択肢として存在しない環境があること、それを研究することが文化人類学の営みのひとつである。だとすると、わたしに限らず、また貧困を研究対象としているかどうかにかかわらず、極端にいえば異文化を相手にする文化人類学者は誰もが潜在的にマリーなのである。

問題はフランス革命当時の文脈ではなく、現代世界において、とくに「貧困」をはじめとするいわゆる「弱者」や「社会的に排除されているといわれる人びと」に対してこのマリー的な発言をした場合に、当事者以外からクレームがつくことなのだ。わたしはマリー的な発言を擁護したいのではなく、それに敏感すぎることに違和感を覚えるのである。「上位」の者の配慮に欠けた発言、というような形でことさら問題視するその根底には、むしろその対象を枠づけて囲い込み、劣位の存在として境界を設けることで特別視しているようでならないからだ。配慮に欠ける発言や、相手の暮らしぶりへの無知さという点だけを平等に考えれば、わたしの調査地であるスラムの人びとの、わたしに対するそれだって相当なものである。異なる暮らしぶりによって形作られた文化同士に差異はあっても、優劣はない。それにもかかわらず、優劣を含みこんだ固定的な価値観が蔓延し、「善意のクレーム」がそれを助長させていることが、深刻な問題であると考えている。

本章は、チリ社会に身を置いて感じられる「貧困」をめぐる境界と、その線引きを支えて強固にする構造がいかなるものかを述べ、そこにある不可視の暴力について扱う。そして、人類学的な調査生活のなかでの、ふとそうした境界を越えてしまう経験の瞬間を頼りに、境界が張りめぐらされて暴力が跋扈する世界における「他者」とのかかわりかたを模索する試みへと向かいたい。

1　チリ・サンチャゴにおける貧困とその「表象」

サンチャゴにおけるドラッグ問題　チリの首都サンチャゴは、南米においてブラジルのサン・パウロやアルゼンチンのブエノス・アイレスなどとともに資本と金融の集まる都会だ。首都への人口集中は全国民のほぼ五割にも及び、すべての人びとが就業できるはずもなく、政府が経済指標（国家統計局資料）にもとづいて定めた階層区分によると、二〇〇五年には首都人口の約四分の一を貧困層が占めている。この決して少数ではない貧困はつねに「撲滅すべき悪」として問題化されている。貧困を傍観する人びとは、経済的指標にもとづく階層が異なるという以上の心理的な境界を作りながらも、いっぽうで同じ国民として「不遇な状況にある兄弟たち」に心ある救いの手を差し伸べようとする。

本章ではチリにおける具体的な貧困の現実と、それをとりまく外部からの表象群という意味での「貧困の表象」（イメージ）について、貧困を悪と結びつける例としてドラッグ問題をとりあげる。

わたしがサンチャゴ市内のあるスラム・G地区在住の女性M（二〇歳）宅で世間話をしていたとき、ちょうどテレビでサンチャゴでも有名な貧困地区におけるドラッグ犯罪のニュースを放映していた

（二〇〇三年八月一八日Canal 13 Chile）。Mはそれを見て、「この辺で痩せている人はほとんどがドラッグをやっている。男も女も。パスタ・バセ（一グラム二五〇〇ペソ（約五百円）前後で売買されているコカインの半精製物質）という粗悪品で、簡単に手に入るから。でも好きな人ができるとやめることもあるの、女は赤ちゃんができるから。それに男は自分がやっていても女にはやって欲しくないって思うものでしょ。男って勝手よね」と語った。ドラッグの違法取引の現行犯で警官に連れられていく住人が映し出されると、Mの事実上の夫C（二三歳）は「今じゃ上（上流階級居住地区）のほうが需要がある。だけど捕まるのはいつもこの辺の人間だ。この間もS（Cの従弟一八歳）が連れて行かれた。でもパコ（おまわり）はわかっていても何もいわないことのほうが多い。友だちだからじゃなくて、黙っているのは自分たちもまわすことがあるから都合が悪いんだ」と語った。このときわたしは、G地区においてもドラッグは身近なものなのだと実感した。それ以降、たびたびドラッグの話題になった折に、ちょうど三度目の服役を終えて戻ってきたばかりのJ（一九歳）は「ドラッグがやめられないのは金持ちでも同じだ。身体のつくりは同じだろ？　始めたら誰だってなかなかやめられない。自分たちは質が良いものは買えないけど金持ちたちはピュアなやつを調達するからもっと（やめるのが）大変じゃないか？」と笑い、Mの最初の子どもの父親R（二〇歳）は「ドラッグをやるのも、やめられないのも、それは一緒なのに、この辺のカブリート（若者たち）のほうが悪い（ことにされる）んだ。パキート（おまわり）は気まぐれだ。必要があると来て、（ドラッグを）そのときやってなくても捕まるし、必要がなければ来ない。証拠はいらない。でも実際やっているから捕まっても仕方ない。上で同じこと（上流地区における警官による気まぐれな逮捕）をしているとは思わないけどね」と語った。

あるドラッグ更正関連のＮＧＯ代表の話では、一九九〇年代前半に、隣国ボリビアからドラッグが陸路でチリのサンチャゴ首都圏に入ってくるようになり、その際に市の北東部に位置する上流地区で秘密裏に一部が荷降ろしされるとのことである。現在、階層の区別なくドラッグは蔓延しているが、消費量などの数値が明確にされないせいか、言説上はあくまで「貧困現象としてのドラッグ」とされる現状がある。そうした言説はどのように成立するのだろうか。

「ドラッグ＝貧困現象」言説の作られかた　この言説をめぐる事情について、先述のＧ地区の人びとの語りをふまえて、①「貧困」地区におけるドラッグ犯罪の作られ方、②貧困地区住民のドラッグとのかかわり方、③「貧困」地区にかかわる区の自治体およびソーシャルワーカー（以下ＳＷ）のドラッグ問題への対応、④政府や国家の反応、を具体的に整理してみよう。

①まず、Ｊがいうようにドラッグをなかなかやめられず、取引に手を出す若者も多く、繰り返し服役しているのは事実である。しかしドラッグ犯罪率の高さと称されているものは逮捕率の高さであって、その蔓延度や消費量とは比例しない。むしろ、中・上流階級地区では隠れて消費される分、見逃される傾向があるともいえる。Ｒの語りにあるように、警官は検挙率稼ぎのために貧困地区に来ることがあり、実際のドラッグ取引や消費の現場を押さえられていなくても、彼らが頻繁にやる事実があ

る以上、仕方なく逮捕されるしかない。しかし、上流地区で警官がそうした行動をするとは考えにくく、実際にしないのだということがGの発言には込められている。

②貧困地区住人はドラッグに手を染めてからでもMの語りにあるように、女性は必要があればほとんどの場合において一時的であれ、やめることを考える。G地区のある自治区において過去または現在ドラッグの経験があり、常用中に妊娠・出産経験のある女性四六名を調査したところ、妊娠がわかった時点で自発的に（または身近な親戚に諭されて）ドラッグをやめた・一時休止した人が三九名（うち更正施設入所者二八名。流産・出産後死亡四名、障害児二名）、第一子ではやめなかったが第二子のときにやめた人二名、出産直前のみやめた人二名、やめられなかった人三名（うち二名流産）。やめた理由として、三九名ともドラッグが胎児に及ぼす悪影響を知ったためと回答している。その常習性と悪影響は彼ら自身が十分に認識しており、必要に応じてSWに相談して麻薬中毒更正施設への入所を希望する例も少なくない。

③区の自治体において「貧困」地区住民と直接的にかかわるのはSWである。家庭訪問を通じて、年金や給付金の申請手続きなどの公的書類の作成を手伝い、区の臨時の雇用情報を伝達するほか、区が主催する技術養成講習会（配管工、コンピュータ、庭師、靴修理など）の募集などを行い、月に三、四回のペースで地区へ赴いている。担当地区と家族がほとんど固定されているため、SWはかなり密に家族についての情報を得て、また貧困者側もそれなりの信頼を寄せている。しかし、ことドラッグに関

してはSWが直接的に現場を押さえたりアジトとなる家や人間を明確に知ることはなく、むしろ一定の信頼関係の温存のためにあえてそうした話題を互いに避ける傾向がある。G地区担当のSWは「この辺りには山のようにドロガディクティート（軽度にトリップしている程度の麻薬中毒者）がいて、夕方になると道端に出てくるから貧困地区訪問は午前中、おそくとも昼食前（一四時）まで。ドラッグは足を突っ込まないようにするべき事柄で、それは当然のこと。彼ら（貧困者たち）に親しみはもっていても、あくまで仕事だから」といい、G地区の区役所出張所常駐のSWは、地区で判明したドラッグ常習者について「貧困地区外へのドラッグ蔓延をふせぐ社会防衛として、また麻薬中毒者の自立支援のために容赦なく施設へ送る」という。

④これらの現象に対して国家は、「麻薬とは人間性に対する犯罪である」とのスローガンのもとに販路を断ち、根絶する姿勢を見せる。政府は近年の国内における麻薬事情の悪化に伴い、一九九五年一月に薬物取締法規を全面的に改正し、治安当局を中心とした密輸の未然防止、麻薬犯罪グループの摘発および捜査、市民団体による撲滅運動等など厳戒態勢で臨んでおり、麻薬流通の源流と噂される貧困地区を監視する構えでいる。

こうした国家政策と、現場で活動するSWの発言を見ると、貧困地区での取り締まりこそが薬物規制に有効であると見なされていることがわかる。明確な根拠はないまま、麻薬という社会「悪」の原因は「貧困」層にあるという「貧困の表象」（イメージ）が作られる構造が生み出されている。

「貧困の表象」としての「貧困」を問い直す　ドラッグは貧困地区に限った問題ではないにもかかわらず、それが貧困と悪に結びつけて語られるのは、イメージが固定的に形成・増長されているせいであり、貧困の現実と「貧困の表象」が複雑に絡みあい、分かちがたく結びついているからでもある。そこでの問題の核心は、現実社会で発言機会を持つのは「貧困」層以外の人間であることが多く、貧困の現実にそぐわない「表象」によって自由に語ることができる点である。だから、世界には「貧困の表象」としての「貧困」があふれかえっている。こうした貧困をめぐる状況全体を問い直すために、わたしは、G地区の人びともまた独自の生活世界を生きているという、素朴ではあるが確かな「貧困」といわれる暮らしの実感から出発したい。

G地区は実際に危険や気をつけるべきことが数多くあり、住まう人びとは成人男子を中心に昼間から道端で談笑したり酒瓶を片手に寝転んでいることもあり、怠惰に見受けられることもある。しかし行動の部分だけ見るならば、G地区の女性たちが妊娠してドラッグをやめることは、恋人や身内が嫌煙家だからといって煙草をやめたり、妊娠して禁煙や休煙したりする、「われわれ」にとってもごくありがちな行動と違いはない。

わたしはかつて、G地区においてもドラッグが横行しているという噂が日常的に語られることにたじろいだ。ドラッグが身近にある事態など想像したこともなかったからである。この素朴な印象をあえてここに記すのには理由がある。「われわれ」とは、貧困と呼ばれない暮らしをする人間一般であり、資本主義的な感覚や規律、価値判断を身につけた者といえるが、その「われわれ」は貧困という現象だけではなく、「貧困に住まう人びと」の性質についても特徴的な悪を見出し、貧困地区を無秩序で怠惰な人が住まう空間として表象する。「われわれ」は「貧困現象としてのドラッグ」と口にしてしまうような見方を内面化しており、その視点から悪の原因としての「貧困」を根絶すべきものとしてとらえる傾向にある。このように自明化した「貧困」とは誰にとってのどのような悪であり、誰のために根絶が叫ばれ、いかなる根絶を目指しているのか。そこで、つぎに実際にチリが目指す貧困克服政策を参照する。

2　「貧困との〈連帯〉」に見る暴力

「連帯」という思想　チリ政府は二〇〇二年から「チリ国家連帯」という貧困克服計画を開始した。その開始を祝う首相演説のなかに、つぎのような貧困にたいする考え方が凝縮されている。

「チリは極貧から解放されるのだ。もう誰も、生きのびるために他人の施しに頼るような恥ずべき行為や屈辱に身を委ねることはない。（中略）不利な状態を生きてきた同じチリ人の兄弟たちに、連帯と寛大な手を差し伸べたい。だからこの新しい政策〝チリ国家連帯〟について話そう。われわれの歴史のなかではじめて、貧困のなかでもっとも貧困な人びとにも、厚生と教育、社会保障へのアクセス（権利）が保障される。チリはまさしく連帯を築くのだ」（二〇〇二年五月二一日〝チリ国家連帯計画〟（極貧層を対象とした社会保護政策）開始式典）。

ここで顕著なのは、対象となる貧困下の人びとは明らかに救うべき存在として位置づけられていることだ。こうした政府筋の貧困への姿勢は、国内における取り除くべき異物といった表象に集約されよう。「連帯」や「統合」とは、近代国家の国民は一体であるべきだという思想にもとづいており、一体化するには彼ら貧困者を引き上げなければならない、だからこそ寛大にも手を差し伸べるのだという論理であるが、その理念もまた「貧困」概念の増幅につながっている。たとえば「人間開発」といって貧困地区で生活援助活動を進めることは、ローカルの文脈では、貧困者が「人間的に未開発な人びとである」という公言としてとらえられている。また政府にとっては、貧困者の権利は、寛大にも手を差し伸べることで達成されるのだが、貧困者が享受すべき権利とは、国家の思う通りのありかたで国家管理下に入ることによって保障される。

ここで留意したいのは、「連帯」ということばが意味するところである。チリで「連帯」が引き合いに出される場面は、「施し」「慈善」「救済」に関連するいかにも善いことだという認識の根強い名詞群とともにある。だからふつうに前述の演説を聴いてしまうと、聴衆の善意に満ちあふれた喝采のまま終わってしまう。よく考えると暴力的ともいえるこの演説ににじみ出たポイントをひろっておくと、㈠寛大にも手を差し伸べるという自信に満ちた優位さ、㈡施される側は「受動的存在」であること、利に相応な尊敬と思い遣りを貧困者が受けているかどうかは別である、ということになるだろう。

「連帯」の馴染まない「ローカル」から思考する

人口の四分の一もの人びとが貧困層なのだから、国家にとって貧困が大きな問題であることに間違いはない。同じ国民のこととして、制度上も感覚上も国家内にあるというのも当然であり、取り込んで意のままに介入して然るべきだと考えるのも不自然ではない。「連帯」とはそうした管理の目論見に馴染む思想である。そして管理的な政策が馴染む対象や場とは、中心にとっての周辺であり、上にとっての下、グローバルに対するローカル、境界の向こう側、というような表象をされ、想定されているものである。しかし世界のすべてがそのような二項対立図式のなかにあるはずもなく、実際にローカルといわれる場（たとえば貧困の暮らし）にいると、中心とかそこがローカルであるとかいうことは関係なく生活が営まれている。もちろん、グローバリゼーションという大きな流れのなかにはあるし、その影響もある。だが、ローカルは基本的に個人の好みやニーズに根ざした日常感覚に支配されている。ローカルには「グローバルなものに覆いつくされているローカル（二項対立でとらえられるローカル）」と、「個別性にもとづいたローカル（「上のないローカル」）」の少なくとも二つがあり、前者「グローバルとの対であるローカル」と後者「グローバルなものとつながっているローカル」とは異なるのである。貧困の暮らしぶりという意味でのローカルでは二分法や境界といった分節を必要としない場が広がっており、外部からその境界をいいわたされればそれを必要に応じて受け入れ、あるいは、ものともしない。要するに「われわれ」はわれわれの価値判断や常識をとおして「悪しき貧困」を秩序のなかへと組み込もうとし、管理の試みや「善意」の政策、「連帯」を持ち込もうとし、いっぽうで境界を強固に保ち続ける。チリ政府のいう「連帯」とは、水平な二者関係ではなく、一方的に投げかけている急勾配の「連帯」であって、ローカルの現実とは馴染まないばかりか、貧困者にとっては暴力的ですらある。「兄弟である」のなら、境界を保持しつつ関係を持つ方法としての「連帯」を打ち出すことはないだろう。すでに境界づけている貧困者と、「兄弟になる」ためにはいかに連帯したらよいか問うのが、貧困政策として必要ではないだろうか。政策上の言語（とそこから影響を受けてやがて一般化する表象）とは、実際にある世界を示すものではなく、介入や議論のための名付けである。われわれ研究者もその表象を支えている一端に居ることに自覚的にならなければいけないだろう。

あるときわたしが、いつも出入りするスラムで、調査を始めたばかりの頃に受け入れてくれて「ありがとう」とお礼をいったときだったと思う。いまや友人となった女性は「わたしたちは貧しいけど心は広いの」といっていた。これはふつうに聞き流しそうな発言だが、そうできるのはわたしたちの文脈にのっとっているからなのだ。「スラムだけど整頓されている」「貧困者だけど几帳面」、この逆接表現は妙だ。こうした発言は「文脈の侵入」によるものではないだろうか。こういう文脈にとらわれないでも確かにある（と思われる）生活のやりくりの場面に降りたつ必要がある。

むすびにかえて——境界をひらく

最後に、ふと訪れた、ある文脈から自由になった出会いの場面に、境界をひらく希望を託したい。

高級住宅地の一角にあるスーパーマーケットでわたしは真剣にアイスクリームを選んでいた。ケーキ状にアイスが織りなされた魅力的な商品が約二百円。外箱の写真がじつにそそる。それを買い物カゴに入れたとき、「ねえってば」と肩を叩かれた。見知らぬ親子連れの母親だ。アイスに夢中で気づかなかったが、少し前からいたようだ。すると「小銭を頂戴。子どもにアイスを買ってあげたいの」という。そうした要求すべてに応えるときりがないので一度は断ったものの、子どもの目がわたしのアイスの外箱に釘付けになっている。さすがにきまりが悪い。ポケットにあった小銭を渡してその場を離れた。しばらくしてスーパーを出たところの横断歩道に先ほどの親子がおり、子どもがアイスを食べていたので少しほっとしたが、母親は別の信号待ちの男性に小銭を要求していた。わたしに気づいた彼女は近寄ってくるや否や「今夜食べるものもないの」といいかけたが、わたしは発言を無視して、単純な興味から「どこから来ているの？」と尋ねた。階層によってある程度居住地域のはっきりしているサンチャゴでは、彼らが高級住宅地まで徒歩で、しかも子連れで来るのは容易ではない。だとすればバス代がかかるからだ。母親は面食らったような顔をしたあとに、不意の質問に素直に答えてくれたので、信号が変わるまでの少しのあいだ、世間話をした。すると子どもが「あなたは韓国人？

中国人？」と聞いてきたので、日本人だというと、母親がうれしそうに「はじめて話した日本人よ！」と興奮気味に。「チリには日本人があまりいないからね」といって簡単なあいさつをしたあとわたしが信号をわたっていくと、背後から「ねえほんとにありがとう、話せて嬉しかった」と大声で母親に叫ばれて照れくさくなり、しかし、わたしも嬉しかった。

たんなる他人同士の出会いをしたふたりは、経済的区分による上下で境界づけられた枠のなかで、「乞う／施す」という目的達成のために、およそ人間同士の出会いらしくないやり取りをする文脈に置かれている。それが、不意の問いによって文脈が変わり、ふたりの人間同士の交流になったといい換えてもいいだろう。彼女とわたしのあいだに固有のものとして生まれた関係性だ。つまり、貧困者とそうでない者の出会いは、「通常」の文脈では関係性が固定化され、ふたりはその文脈に従う。その文脈はふたりの間に境界を設け、それに伴う行動すらも規定してかかっている。しかし、まだチリの「通常」の文脈や境界に馴染んでいなかったわたしの不意の問いによって、文脈が移動し、境界が揺らぎ、「通常」の文脈にしばられていない状態になったために、それぞれの「個」が顔を出したのである。このような文脈にとらわれない生と出会いを紡いでいるローカルのことを、「上のないローカル」というぎこちないことばでとらえながら、境界の張りめぐらされた世の中から少し自由になる術を考えている。

あとがき

人文・社会科学のいずれの分野においても、研究とは、人間と、人間が生きる社会の原理を探求することである。わたしたちの社会には、時代、場所を問わずさまざまな境界がはりめぐらされている。境界は、常にわたしたちを分かち、囲い込み、そして目の前に立ち現れては、決断を強いてくる。

本書は、人文社会科学の多様な学問領域の研究を志す者たちが、この「境界」というテーマに挑む試みだ。本書の執筆者たちは、人文・社会科学の新しい学問分野の創出、社会との新しい協働の形を目指して日本学術振興会「人文・社会科学振興プロジェクト研究事業」が進められていた時期(二〇〇三～〇八年)に、大学院生もしくは駆け出しの研究者として同事業の諸プロジェクトの周辺で育った者たちである。同事業のプロジェクトはいずれも、分野を超えて集まった研究者たちによって担われた極めて学際的なものであり、それらすべてのプロジェクトから集まってくるメンバーたちが「若手の会」として最初に顔を合わせたときには、自分たちの間に、偶然的、個別的な研究関心の重なり以外には何のつながりも見出せなかったというのが正直なところだ。

それでも「若手の会」は、人文・社会科学系の研究を志す者が分野を問わず集まって組織する緩やかな共同研究体として活動を続けてきた。五年間、メンバーが互いに報告を聞きあい、コメントを出しあい、ときには合宿をしてまで議論しあう中で、専門も対象もアプローチもばらばらな私たちが、それぞれの根底に響きあうものを見出し、「境界」というテーマのうちに緩く、しかし、しっかりと結びついたのはなぜだったのだろうか。

それは一つには、わたしたち皆が現代というこの時代に生きて、世界と向き合い、さまざまに世界を形づくる境界の揺らぎを見つめているからだろう。思えばこの世代は、多感な思春期に、世界を二分し、その揺らぎを誰も予想していなかった秩序の崩壊を目の当たりにした。以来、この世代が育ち、世界へと関心を開かれ、研究者として巣立とうとするにいたるまでの年月は、一方で世界の揺らぎと軸の喪失への不安の中に、他方で現存するありとあらゆる境界への強い疑いの中に流れた。

そうでなくても、研究を志す者が境界の揺らぎに惹きつけられるのは当然のことなのかもしれない。学問という営為はすぐれて、対象となるものを、また自己と対象を、区分することで成り立っている。そのように自らが境界を作り出しながら、境界そのものが抱える問題に無自覚であることはできず、境界は学問分野を越えた共通のテーマとなる。本書の執筆者たちが境界にかかわる問題意識を共有する、もう一つの理由がここにある。

しかし、どのような境界に着目し、どのような境界を設定し、どのような言葉でそれを記述し、どのような境界を否定しようとするかは、学問領域によって大きく異なる。研究者は、それぞれの専門分野で訓練を受け、それぞれの学問領域に特徴的な見方を身体化・内面化する中で、往々にしてそれ以外の見方を失っていく。いったん失ってしまうと、世界とそれを秩序立てる境界を自分たちの視線から語るのは当たり前のこととなり、それ以外の視線の可能性は意識される機会もなくなっていく。

本書を執筆するためにさまざまな領域から研究を志す者が集まり、それぞれの言葉で「境界」を記述しつつ、その成果を共有すべく皆で議論する中では、そもそも互いの分野の間にある境界にとまどうことが多かった。著者たちは、視点の違いと使う言葉の違いに幾度も驚き、自分の方法論とほかの方法論の違いを、その強みと弱みを繰り返し確認せざるをえなかった。同時に、まったく違う方法論を持つ仲間と意外なところで同じ研究関心を共有できることも知った。したがって、本書の構成は、執筆者の学問領域を多分に反映するものではあるが、決してそれだけにはとどまらず、各部が、必ずしも隣接しない諸分野のコラボレーションとなっている。

違いを目の当たりにしたとき、自分の中にある単純な言説に回収して「わかった」と言ってしまいたい欲望を抑えること、そして違いの向こう側にいる他者の言葉を粘り強く聴くことは、多様な背景を持つ人びとによって成り立つ社会を生き、互いに対話するうえで必要な態度だ。それは、めまぐるしく変化する現代社会にあって、境界に迫る者たち、あるいは迫り来る境界の前にたたずむ者たちに公平に問われる、他者とともに動的に変動する自己を前提とした、理解と共存を導く境界リテラシーと言ってもよい。本書を執筆する中で、執筆者たちは、自らが学問領域という境界にとらわれていることに気づき、もう一つの見方を知ることで、より柔軟に、よりバランスよく、より深く世界に迫ろうと努力してきた。本書は、そうした研究を志す者たちが、学問的な境界リテラシーを磨くための、これからも続く実習と苦闘の過程の公開であると言えるかもしれない。

本書各章の議論は必ずしも相互に整合的ではなく、執筆者たちの間にも見解の相違が存在する。しかしこうした実習と苦闘の結果として、さまざまな境界への視点を、境界とのさまざまな向き合い方を包含する形で、つまり、さまざまな視点を織り込むことが一つの価値なのだというメッセージを込めて、最終的に一冊の本として読者のみなさまにお届けできたことは、境界が単に峻別を担い、人を隔てるだけのものとは限らないことを、境界を自覚してこそ自らを知り、境界を越えようとすることによってこそ新しい世界が拓けることを、わずかだが示しているのではないだろうか。そんな思いを感じとっていただけたら、研究を志す者として成長の道半ばにある執筆者一同にとって、これに勝る励みはない。

「若手の会」としての活動の過程で、多くの方々にお世話になった。「若手の会」という形で領域横断的な若手交流の機会を提供してくださった日本学術振興会と、「人文・社会科学振興プロジェクト研究事業」の企画委員の先生方、担当者としてわたしたちの活動をサポートしてくださった日本学術振興会の谷口明さん、小笠原義人さん。そしてとりわけ、創設の時期に会の活動が軌道にのるようさまざまな助言をくださった未来工学研究所の緒方三郎さん、活動のすべての期間にわたって心強いバックアップをいただいた立命館大学のサトウタツヤ先生。また、本書の出版にあたって、チャンスをくださった東信堂さん、担当の二宮義隆さん、執筆者合宿にまで足を運んでくださった編集者の星野紘一郎さん。このようなかたちで成果を残すことができたのは、ひとえに支えてくださった方々のお力添えあってのことである。ここに心から御礼を申し上げたい。

編者一同

須田　英子（すだ・えいこ）
筑波大学大学院生命環境科学研究科博士課程
専門分野：生命倫理学

田口　亜紗（たぐち・あさ）
成城大学民俗学研究所研究員
専門分野：文化人類学

○谷川　竜一（編者紹介参照）

○内藤　順子（編者紹介参照）

執筆者紹介（執筆順、○印編者）

荘島　幸子（しょうじま・さちこ）
京都大学大学院教育学研究科博士課程、日本学術振興会特別研究員
専門分野：臨床心理学

今尾　真弓（いまお・まゆみ）
名古屋大学医学部非常勤講師
専門分野：臨床心理学

安田　裕子（やすだ・ゆうこ）
京都大学大学院教育学研究科非常勤教務補佐
専門分野：臨床心理学

岩崎　真紀（いわさき・まき）
筑波大学北アフリカ研究センター研究員
専門分野：宗教学

猪狩　弘美（いがり・ひろみ）
東京大学大学院総合文化研究所博士課程、桐朋大学ほか非常勤講師
専門分野：歴史学

○川喜田　敦子（編者紹介参照）

白　佐立（はく・さりつ）
東京大学大学院工学系研究科博士課程
専門分野：建築・都市史学

杉浦　未希子（すぎうら・みきこ）
東京大学大学院農業生命科学研究科助教
専門分野：水資源管理・国際協力学

神頭　成禎（かんとう・よしさだ）
兵庫県立大学環境人間学部客員研究員、佛教大学総合研究所嘱託研究員
専門分野：環境人間学・環境宗教学

○柴田　晃芳（編者紹介参照）

○荒川　歩（編者紹介参照）

編者紹介

荒川　歩（あらかわ・あゆむ）
名古屋大学大学院法学研究科特任講師
専門分野：法と心理学

川喜田敦子（かわきた・あつこ）
東京大学大学院総合文化研究科特任准教授
専門分野：ドイツ現代史・地域研究

谷川　竜一（たにがわ・りゅういち）
東京大学生産技術研究所技術職員
専門分野：建築史学

内藤　順子（ないとう・じゅんこ）
日本学術振興会、日本女子大学特別研究員
専門分野：文化人類学

柴田　晃芳（しばた・てるよし）
北海学園大学経済学部非常勤講師
専門分野：政治学

〈境界〉の今を生きる——身体から世界空間へ・若手一五人の視点

2009年3月31日　初　版第1刷発行　〔検印省略〕

＊定価はカバーに表示してあります

編者©荒川歩・川喜田敦子・谷川竜一・内藤順子・柴田晃芳　発行者 下田勝司　印刷・製本　中央精版印刷

東京都文京区向丘1-20-6　郵便振替 00110-6-37828
〒113-0023　TEL 03-3818-5521(代)　FAX 03-3818-5514
E-Mail tk203444@fsinet.or.jp
発行所　株式会社 東信堂
Published by TOSHINDO PUBLISHING CO.,LTD.
1-20-6,Mukougaoka, Bunkyo-ku, Tokyo, 113-0023, Japan

ISBN978-4-88713-904-6　C0030　

東信堂

日本ガバナンス—「改革」と「先送り」の政治と経済	曽根泰教	二八〇〇円
政治学入門	内田満	一八〇〇円
政治の品位—日本政治の新しい夜明けはいつ来るか	内田満	二〇〇〇円
早稲田政治学史研究	内田満	三六〇〇円
「帝国」の国際政治学—冷戦後の国際システムとアメリカ	山本吉宣	四七〇〇円
解説 赤十字の基本原則—人道機関の理念と行動規範	J・ピクテ 井上忠男訳	一〇〇〇円
医師・看護師の有事行動マニュアル—医療関係者の役割と権利義務	井上忠男	一二〇〇円
国際NGOが世界を変える—地球市民社会の黎明	功刀達朗 毛利勝彦 編著	二〇〇〇円
国連と地球市民社会の新しい地平	功刀達朗 内田孟男 編著	三四〇〇円
社会的責任の時代—企業・市民社会・国連のシナジー	功刀達朗 野村彰男 編著	三二〇〇円
実践 マニフェスト改革—新たな政治・行政モデルの創造	松沢成文	二三〇〇円
実践 ザ・ローカル・マニフェスト	松沢成文	一二三八円
ポリティカル・パルス：現場からの日本政治診断	大久保好男	二〇〇〇円
時代を動かす政治のことば—尾崎行雄から小泉純一郎まで	読売新聞政治部編	一八〇〇円
大杉榮の思想形成と「個人主義」	飛矢崎雅也	二九〇〇円
（現代臨床政治学シリーズ）		
リーダーシップの政治学	石井貫太郎	一六〇〇円
アジアと日本の未来秩序	伊藤重行	一八〇〇円
象徴君主制憲法の20世紀的展開	下條芳明	二〇〇〇円
ネブラスカ州における一院制議会	藤本一美	一六〇〇円
ルソーの政治思想	根本俊雄	二〇〇〇円
シリーズ〈制度のメカニズム〉		
アメリカ連邦最高裁判所	大越康夫	一八〇〇円
衆議院—そのシステムとメカニズム	向大野新治	一八〇〇円
WTOとFTA—日本の制度上の問題点	高瀬保	一八〇〇円
フランスの政治制度	大山礼子	二〇〇〇円
イギリスの司法制度	幡新大実	二〇〇〇円

〒113-0023 東京都文京区向丘1-20-6 TEL 03-3818-5521 FAX03-3818-5514 振替 00110-6-37828
Email tk203444@fsinet.or.jp URL:http://www.toshindo-pub.com/

※定価：表示価格（本体）＋税

東信堂

国際法新講〔上〕〔下〕	田畑茂二郎	〔上〕二九〇〇円 〔下〕二七〇〇円
ベーシック条約集〔二〇〇八年版〕	編集代表 松井芳郎	二六〇〇円
国際人権条約・宣言集〔第3版〕	編集 松井・薬師寺・坂元・小畑・徳川	三八〇〇円
国際経済条約・法令集〔第2版〕	小原喜雄・小室程夫・山手治之 編集	三九〇〇円
国際機構条約・資料集〔第2版〕	編集代表 香西茂・安藤仁介	三二〇〇円
判例国際法〔第2版〕	編集代表 松井芳郎	三八〇〇円
国際立法—国際法の法源論	村瀬信也	六八〇〇円
条約法の理論と実際	坂元茂樹	四二〇〇円
武力紛争の国際法	村瀬信也・真山全 編	一四二八六円
国際経済法〔新版〕	小室程夫	三八〇〇円
国際法から世界を見る—市民のための国際法入門〔第2版〕	松井芳郎	二八〇〇円
東京裁判、戦争責任、戦後責任	大沼保昭	二八〇〇円
国際法／はじめて学ぶ人のための	大沼保昭	三六〇〇円
資料で読み解く国際法〔第2版〕〔上〕〔下〕	大沼保昭編著	〔上〕二八〇〇円 〔下〕二〇〇〇円
在日韓国・朝鮮人の国籍と人権	大沼保昭	三八〇〇円
国際法学の地平—歴史、理論、実証	中川淳司・寺谷広司 編著	一二〇〇〇円
21世紀の国際機構：課題と展望	安藤仁介・中村道・位田隆一 編	七一四〇円
グローバル化する世界と法の課題—平和・人権・経済を手がかりに	編集委員 松井・木棚・薬師寺・山形	八二〇〇円
〔21世紀国際社会における人権と平和〕〔上・下巻〕		
国際社会の法構造—その歴史と現状	編集代表 山手治之・香西茂	五七〇〇円
現代国際法における人権と平和の保障	編集代表 山手治之・香西茂	六三〇〇円
〔現代国際法叢書〕		
領土帰属の国際法	大壽堂鼎	四五〇〇円
国際法における承認—その法的機能及び効果の再検討	王志安	五二〇〇円
国際社会と法	高野雄一	四三〇〇円
集団安保と自衛権	高野雄一	四八〇〇円
国際「合意」論序説—法的拘束力を有しない国際「合意」について	中村耕一郎	三〇〇〇円
法と力 国際平和の模索	寺沢一	五二〇〇円

〒113-0023 東京都文京区向丘 1-20-6 TEL 03-3818-5521 FAX03-3818-5514 振替 00110-6-37828
Email tk203444@fsinet.or.jp URL:http://www.toshindo-pub.com/

※定価：表示価格（本体）＋税

東信堂

グローバル化と知的様式—社会科学方法論についての七つのエッセー	J・ガルトゥング 矢澤修次郎 大重光太郎 訳	二八〇〇円
社会学の射程—ポストコロニアルな地球市民の社会学へ	庄司興吉	三二〇〇円
社会階層と集団形成の変容—集合行為と「物象化」のメカニズム	丹辺宣彦	六五〇〇円
世界システムの新世紀—グローバル化とマレーシア	山田信行	三六〇〇円
階級・ジェンダー・再生産—現代資本主義社会の存続メカニズム	橋本健二	三二〇〇円
現代日本の階級構造—理論・方法・計量分析	橋本健二	四五〇〇円
人間諸科学の形成と制度化—社会諸科学との比較研究	長谷川幸一	三八〇〇円
現代社会と権威主義—フランクフルト学派権威論の再構成	保坂稔	三六〇〇円
現代社会学における歴史と批判（上巻）—グローバル化の社会学	武川正吾 山田信行 編	二八〇〇円
現代社会学における歴史と批判（下巻）—近代資本制と主体性	片桐新自 丹辺宣彦 編	二八〇〇円
近代化のフィールドワーク—断片化する世界で等身大に生きる	作道信介編	二〇〇〇円
自立支援の実践知—阪神・淡路大震災と共同・市民社会	似田貝香門編	三八〇〇円
〔改訂版〕ボランティア活動の論理—ボランタリズムとサブシステンス	西山志保	三六〇〇円
貨幣の社会学—経済社会学への招待	森元孝	一八〇〇円
市民力による知の創造と発展—身近な環境に関する市民研究の持続的展開	萩原なつ子	三二〇〇円
情報・メディア・教育の社会学—カルチュラル・スタディーズしてみませんか？	井口博充	二三〇〇円
BBCイギリス放送協会（第二版）	簑葉信弘	二五〇〇円
記憶の不確定性—社会学的探求	松浦雄介	二五〇〇円
日常という審級—アルフレッド・シュッツにおける他者・リアリティ・超越	李晟台	三六〇〇円
日本の社会参加仏教—法音寺と立正佼成会の社会活動と社会倫理	ランジャナ・ムコパディヤーヤ	四七六二円
現代タイにおける仏教運動—タンマガーイ式瞑想とタイ社会の変容	矢野秀武	五六〇〇円

〒113-0023 東京都文京区向丘 1-20-6 TEL 03-3818-5521 FAX03-3818-5514 振替 00110-6-37828
Email tk203444@fsinet.or.jp URL:http://www.toshindo-pub.com/

※定価：表示価格（本体）＋税

東信堂

（シリーズ　社会学のアクチュアリティ：批判と創造　全12巻＋2）

クリティークとしての社会学—現代を批判的に見る眼　西原和久・宇都宮京子 編　一八〇〇円

都市社会とリスク—豊かな生活をもとめて　藤田弘夫・浦野正樹 編　二〇〇〇円

言説分析の可能性—社会学的方法の迷宮から　佐藤俊樹・友枝敏雄 編　二〇〇〇円

グローバル化とアジア社会—ポストコロニアルの地平　新津晃一・吉原直樹 編　二三〇〇円

公共政策の社会学—社会的現実との格闘　武川正吾・三重野卓 編　二〇〇〇円

社会学のアリーナへ—21世紀社会を読み解く　友枝敏雄・厚東洋輔 編　二一〇〇円

（地域社会学講座　全3巻）

地域社会学の視座と方法　似田貝香門 監修　二五〇〇円

グローバリゼーション/ポスト・モダンと地域社会　古城利明 監修　二五〇〇円

地域社会の政策とガバナンス　岩崎信彦・矢澤澄子 監修　二七〇〇円

（シリーズ世界の社会学・日本の社会学）

タルコット・パーソンズ—最後の近代主義者　中野秀一郎　一八〇〇円

ゲオルグ・ジンメル—現代分化社会における個人と社会　居安正　一八〇〇円

ジョージ・H・ミード—社会的自我論の展開　船津衛　一八〇〇円

アラン・トゥーレーヌ—現代社会のゆくえと新しい社会運動　杉山光信　一八〇〇円

アルフレッド・シュッツ—主観的時間と社会的空間　森元孝　一八〇〇円

エミール・デュルケム—社会の道徳的再建と社会学　中島道男　一八〇〇円

レイモン・アロン—危機の時代の透徹した警世家　岩城完之　一八〇〇円

フェルディナンド・テンニエス—ゲマインシャフトとゲゼルシャフト　吉田浩　一八〇〇円

カール・マンハイム—時代を診断する亡命者　澤井敦　一八〇〇円

ロバート・リンド—アメリカ文化の内省的批判者　園部雅久　一八〇〇円

費孝通—民族自省の社会学　佐々木衞　一八〇〇円

奥井復太郎—都市社会学と生活論の創始者　藤田弘夫　一八〇〇円

新明正道—綜合社会学の探究　山本鎭雄　一八〇〇円

米田庄太郎—新総合社会学の先駆者　中久郎　一八〇〇円

高田保馬—理論と政策の無媒介的統一　北島滋　一八〇〇円

戸田貞三—家族研究・実証社会学の軌跡　川合隆男　一八〇〇円

福武直—民主化と社会学の現実化を推進　蓮見音彦　一八〇〇円

〒113-0023　東京都文京区向丘1-20-6　TEL 03-3818-5521　FAX03-3818-5514　振替 00110-6-37828
Email tk203444@fsinet.or.jp　URL:http://www.toshindo-pub.com/

※定価：表示価格（本体）＋税

東信堂

責任という原理―科学技術文明のための倫理学の試み	H・ヨナス 加藤尚武監訳	四八〇〇円
主観性の復権―心身問題から『責任という原理』へ	H・ヨナス 宇佐美・滝口訳	二〇〇〇円
テクノシステム時代の人間の責任と良心	H・レンク 山本・盛永訳	三五〇〇円
空間と身体―新しい哲学への出発	桑子敏雄	二五〇〇円
環境と国土の価値構造	桑子敏雄編	三五〇〇円
森と建築の空間史―南方熊楠と近代日本	千田智子	四三八一円
感性哲学1〜8	日本感性工学会 感性哲学部会編	一六〇〇〜二〇〇〇円
メルロ＝ポンティとレヴィナス―他者への覚醒	屋良朝彦	三八〇〇円
堕天使の倫理―スピノザとサド	佐藤拓司	二八〇〇円
〈現われ〉とその秩序―メーヌ・ド・ビラン研究	村松正隆	三八〇〇円
省みることの哲学―ジャン・ナベール研究	越門勝彦	三二〇〇円
バイオエシックス入門（第三版）	香川知晶 今井道夫編	二三八一円
バイオエシックスの展望	松岡悦子 坂井昭宏編著	三二〇〇円
動物実験の生命倫理―個体倫理から分子倫理へ	大上泰弘	四〇〇〇円
生命の神聖性説批判	H・クーゼ 代表訳者 飯田亘之	四六〇〇円
カンデライオ（ジョルダーノ・ブルーノ著作集 1巻）	加藤守通訳	三二〇〇円
原因・原理・一者について（ジョルダーノ・ブルーノ著作集 3巻）	加藤守通訳	三二〇〇円
英雄的狂気（ジョルダーノ・ブルーノ著作集 7巻）	加藤守通訳	三六〇〇円
ロバのカバラ―ジョルダーノ・ブルーノにおける文学と哲学	N・オルディネ 加藤守通訳	三六〇〇円
哲学史を読むⅠ・Ⅱ	松永澄夫	各三八〇〇円
言葉の働く場所	松永澄夫編	二三〇〇円
食を料理する―哲学的考察	松永澄夫	二〇〇〇円
言葉の力（音の経験・言葉の力第Ⅰ部）	松永澄夫	二五〇〇円
音の経験（音の経験・言葉の力第Ⅱ部）―言葉はどのようにして可能となるのか	松永澄夫	二八〇〇円
環境　安全という価値は…	松永澄夫編	二〇〇〇円
環境　設計の思想	松永澄夫編	二三〇〇円
環境　文化と政策	松永澄夫編	二三〇〇円

〒113-0023　東京都文京区向丘 1-20-6　TEL 03-3818-5521　FAX03-3818-5514　振替 00110-6-37828
Email tk203444@fsinet.or.jp　URL:http://www.toshindo-pub.com/

※定価：表示価格（本体）＋税